JN349194

ZZOM ZZOM ZZOM ZZOM ZZOM
ZZOM ZZOM ZZOM ZZOM
ZZOM ZZOM ZZOM ZZOM ZZOM
ZZOM ZZOM ZZOM ZZOM
ZZOM ZZOM ZZOM ZZOM ZZOM
ZZOM ZZOM ZZOM ZZOM
ZZOM ZZOM ZZOM ZZOM ZZOM
ZZOM ZZOM ZZOM ZZOM
ZZOM ZZOM ZZOM ZZOM ZZOM
ZZOM ZZOM ZZOM ZZOM
ZZOM ZZOM ZZOM ZZOM ZZOM
ZZOM ZZOM ZZOM ZZOM
ZZOM ZZOM ZZOM ZZOM ZZOM

ZZOM ZZOM ZZOM ZZOM ZZOM
ZOM ZZOM ZZOM ZZOM ZZOM
ZZOM ZZOM ZZOM ZZOM ZZOM
ZOM ZZOM ZZOM ZZOM ZZOM
ZZOM ZZOM ZZOM ZZOM ZZOM
ZOM ZZOM ZZOM ZZOM ZZOM
ZZOM ZZOM ZZOM ZZOM ZZOM
ZOM ZZOM ZZOM ZZOM ZZOM
ZZOM ZZOM ZZOM ZZOM ZZOM
ZOM ZZOM ZZOM ZZOM ZZOM
ZZOM ZZOM ZZOM ZZOM ZZOM
ZOM ZZOM ZZOM ZZOM ZZOM
ZZOM ZZOM ZZOM ZZOM ZZOM

사전 준비

목차

저자 후기 008
역자 후기 009
베타 리더 후기 010
이 책에 대해서 012
이 책을 보는 방법 014
필수 준비물 안내 015
다운로드 파일 안내 016
예제 미리보기 018

Chapter 1 — 025
프로크리에이트 사용법

프로크리에이트의 특징 026
기본적인 화면 구성 028
다양한 편의 기능 031
레이어의 기본 조작 032
제스처의 기본 조작 034

Chapter 2 — 035
초간단 일러스트 작화법

기본적인 작업 흐름 036
1단계: 러프 그리기 038
러프를 잘 그리는 요령 040
2단계: 선 따기 041
선화를 잘 그리는 요령 044
3단계: 색칠하기 046
색을 잘 고르는 요령 050
4단계: 음영 넣기 051
빛과 그림자를 잘 다루는 요령 053
5단계: 그러데이션 넣기 054
느낌을 쉽게 바꾸는 요령 057
6단계: 하이라이트 넣기 058
7단계: 배경 그리기 059
8단계: 마무리하기 060

Chapter 3 — 063
초고속 작업 시간 단축법

나만의 제스처 등록해 두기 064
변화도 맵으로 분위기 바꾸기 066

다운 받은 브러시 정리해 두기 068
쓸만한 브러시 선택해 두기 069
나만의 브러시 만들기 070
색상 패널 분리하기 072
색상 팔레트 자동으로 만들기 074
블렌드 모드로 효과주기 076
실시간으로 색상 바꾸기 078
변형툴로 수정하기 080
픽셀 유동화로 보정하기 082
퀵 쉐이프로 깔끔하게 그리기 084
그리기 가이드로 편하게 그리기 086
필터 효과로 빠르게 연출하기 092

Chapter 4   095
다양한 응용 방법

그리자유 스타일로 그리기 096
유화 스타일로 그리기 102
GIC 스타일로 그리기 108
코믹북 스타일로 만화 그리기 116
실사 배경 스타일로 그리기 124

Chapter 5   129
도와줘요 마왕님

질문하고 답하기 130

Appendix   139
한국어판 특별 부록

부스 활용 방법 140
연습 자료 141
편의 기능 142
확장 기능 143
아이패드 설정 144
프로크리에이트 공식 자료 146
프로크리에이트 관련 앱 147
한국 작가 소개 148
프로젝트 ZZOM 에 대해서 152
독자 참여 프로그램 153
찾아보기 154

사전 준비

저자 후기

2018년에 유튜브로 일러스트 강좌를 시작한 지 5년이 지났습니다. 그 당시엔 프로크리에이트로 책을 낼 거라곤 상상조차 못 했죠. 그동안 많은 분이 도와주신 덕분에 이 책이 나올 수 있었습니다. 가끔 '그냥 그림 그리는 게 좋았을 뿐인데 내게 이런 기회가 오다니...'라는 생각이 들 때면 괜히 가슴이 벅차오르고 감사한 마음을 숨기기가 어렵습니다.

저는 최근 몇 년 동안 대부분의 작업을 아이패드로 하고 있습니다. 특히 프로크리에이트는 아이패드의 장점을 잘 살리고 있어서 즐겨 쓰는 그림 앱이 되었습니다. 이 책을 읽고 있는 독자님도 이 책을 계기로 프로크리에이트의 멋진 기능을 체험하고 그림을 그리는 데 활용할 수 있으면 좋겠습니다. 여러분의 그리는 즐거움에 조금이나마 도움이 된다면 이 책을 준비한 저자로서 더할 나위 없이 기쁘고 보람될 것 같습니다.

2023년 여름
딥 블리자드

 **딥 블리자드 / 머나먼 땅의 그림 마왕**
- 일러스트 작가 / 디지털 페인팅 버추얼 유튜버
- https://www.youtube.com/@deepblizzard
- https://x.com/mao_DBmiyuki

디지털 페인팅 입문자를 위한 강의를 유튜브로 공개하고 있다. 우리나라에는 Live2D 강의로 많이 알려져 있다. 저서로 『캐릭터 일러스트 강좌 with 프로크리에이트(魔王とはじめる! iPadキャライラスト - Procreateを使った簡単&時短テクニック)』, 『캐릭터 일러스트 강좌 with 클립 스튜디오 페인트(ディープブリザードの超入門講座 - 初めてのCLIP STUDIO PAINT PRO編)』, 『ディープブリザードと学ぶ - たのしいアイビスペイント入門教室』, 『バズれる!アイビスペイント ディープブリザードの超入門講座』 등이 있다. 각종 브러시와 이미지 샘플, 작화 노하우를 담은 전자책을 부스(BOOTH)라는 콘텐츠 플랫폼에 공유하고 있다.

사전 준비

역자 후기

어릴 때 장래희망은 만화가였습니다. 지금 보면 유치한 낙서였지만 여럿이 함께 모여 동인지를 만들기도 했었죠. 그 꿈은 진학을 준비하며 포기하게 되었고 평범한 회사에 취업한 후로는 나와는 상관없는 남 얘기가 되었습니다. 그러던 어느 날 딥 블리자드 작가님의 강의를 보았습니다. 최적화된 작업 순서와 시간을 줄여주는 노하우 덕분인지 어렵게만 느껴지던 작화 과정이 이해되기 시작했고 그리는 즐거움은 나이와 무관하다는 말에 용기를 얻게 되었습니다.

이 책은 제가 받은 선한 영향력을 다른 분께도 전하고 싶어서 기획되었습니다. 오랜 수련을 이겨내지 못하고 그림을 포기했던 분, AI로 이미지를 생성하지만 내 그림이 아니라는 허무함에 자괴감을 느끼는 분, 무엇부터 시작할지 막연한 분, 저처럼 삶에 치어 꿈을 잃은 분에게 이 번역서가 도움이 되면 좋겠습니다. 지금 펜을 들어 한 획을 그어 보세요. 잊었던 즐거움이 되살아날 겁니다.

2024년 여름
신상재

신상재 / 번역하는 개발자

- 삼성SDS 소프트웨어 아키텍트 / 1인출판 프로젝트 ZZOM 운영자
- https://www.youtube.com/@translating-developer
- https://www.facebook.com/sangjae.shin

삼성SDS에서 소프트웨어 아키텍트를 거쳐 프로젝트 매니지먼트 컨설팅을 하고 있다. 입문자를 위한 IT, 드로잉, 번역 노하우를 1인출판 프로젝트 ZZOM을 통해 공개하고 있다. 역서로 『출근했더니 스크럼 마스터가 된 건에 관하여』, 『처음 배우는 그래픽 레코딩』, 『사고법 도감』, 『딥러닝을 위한 수학』, 『비즈니스 프레임워크 도감』, 『인공지능을 위한 수학』, 『1억배 빠른 양자 컴퓨터가 온다』, 『스프링 철저 입문』, 『클라우드 인프라와 API의 구조』, 『TCP/IP 쉽게, 더 쉽게』, 『네트워크 엔지니어의 교과서』, 『XCODE로 배우는 코코아 프로그래밍』, 『OBJECTIVE C』가 있다.

사전 준비
베타 리더 후기

유다혜
- 병원약사 / 병원약사 인스타툰 작가
- https://www.instagram.com/yu._.yak
- https://brunch.co.kr/@zzxx08

병원약사로 근무하던 중에 약에 대한 지식과 병원약사의 일상을 만화로 공유하고 싶어서 인스타툰을 시작하게 되었습니다. 처음에 인스타툰을 시작했을 당시에는 디지털 드로잉을 배운 적이 없어서 레이어의 개념부터 독학으로 차근차근 배웠던 기억이 있습니다. 이번에 베타 리더로 참여하게 되면서 프로크리에이트를 처음 접했을 때를 되돌아보게 되었습니다. 제가 독학으로 배웠을 때 보다 프로크리에이트의 기본 기능과 응용 기능이 자세하게 설명되어 있어서 디지털 드로잉에 새로 입문하는 분에게는 최적화된 책이라는 생각이 들었습니다. 특히 실습 과정에서는 평소의 작화 스타일과 조금은 다른, 여러 가지 스타일을 체험해 볼 수 있어서 좋았습니다. 디지털 드로잉 입문자는 물론 이미 작품 활동을 하고 있는 작가님에게도 다양한 드로잉 기법을 익히는데 도움이 될 거라 생각합니다.

이아름
- 프리랜서 / 개발자
- https://www.instagram.com/_arabove
- https://arumlee.github.io

더 이상 업데이트가 되지 않아서 방 한 구석에 방치되었던 아이패드 프로 10.5를 이 책을 계기로 다시 꺼내보게 되었습니다. 처음에 아이패드를 구입했을 때에는 캘리그래피나 만다라트를 그리는 데 활용했었는데 꾸준히 사용하기엔 아무래도 재미가 없었습니다. 나중에는 다른 사람처럼 그림이나 만화를 그리고 싶어서 각종 드로잉 입문서를 따라 해보기도 했었는데요. 진도가 너무 더디고 지루하다 보니 금방 그만두게 되었습니다. 다행히 이번 책은 베타 리딩을 하면서 열심히 따라 그린 덕분인지 중도에 포기하지 않고 완주할 수 있었습니다. 아직까지 그림 자체는 남에게 선보이긴 부끄러운 정도지만 그리는 과정을 즐길 수 있어서 좋았습니다. 특히 책에서 익힌 유용한 기능은 캘리그래피에도 적용할 수 있었는데요. 더 많은 기법을 시험하고 활용할 수 있어서 무척이나 좋은 경험을 갖게 된 것 같습니다.

홍수영

- 삼성SDS / 개발자
- https://www.instagram.com/use_soo_ni
- https://litt.ly/soogi

프로크리에이트를 구매해 놓고 실제로 써 본 적이 없었는데 이 책을 계기로 다시 시작하게 되었습니다. 처음에는 일러스트를 그리는 게 나와는 상관없는 일 같았고, 툴의 사용법 또한 쉽지 않다고 느꼈었습니다. 하지만 이 책을 접하면서 그런 생각이 바뀌게 되었는데요. 이 책은 기술적인 설명을 나열하는 데 그치지 않고 창작의 즐거움을 맛보게 해 주었습니다. 프로크리에이트가 어떤 툴인지, 어떻게 쓰는 건지 설명하는 부분도 좋았지만, 직접 따라 할 수 있는 실습 과정이 무엇보다 좋았습니다. 디지털 일러스트가 처음인 저조차도 하나씩 순서대로 따라 하다 보니 어렵지 않게 작품을 완성할 수 있었고 QR 코드로 영상을 참고할 수 있다 보니 어떤 도구를, 어떻게 쓰는지 알아보기 좋았습니다. 덕분에 프로크리에이트에 대한 막연한 두려움이 많이 사라졌고요. 오히려 도구의 자유로움과 샘솟는 아이디어 덕분에 창작하는 즐거움과 완성하는 성취감을 만끽하고 있습니다. 이제는 프로크리에이트가 낯설지 않습니다. 저처럼 디지털 드로잉이 처음이라면 이 책이 좋은 가이드가 될 것입니다.

윤인성

- 프리랜서 / IT 그래픽 분야 작가
- https://www.instagram.com/yun.inseong.r
- https://www.youtube.com/@윤인성

책을 보면서 아이패드로 작업할 수 있다는 게 너무 좋았습니다. 예전에는 디지털 방식으로 그림을 그리려면 컴퓨터와 여러 가지 장비를 함께 연결해야 했거든요. 지금은 아이패드와 프로크리에이트만 있으면 언제 어디서든 쉽게 작업을 시작할 수 있게 되었습니다. 특히 만화를 그리는 데 많이 사용하는 클립 스튜디오 페인트는 가격 정책에 복잡하고 사용료가 다소 비싸 부담스러운 반면 프로크리에이트는 일시불로 구매할 수 있고 가격 또한 합리적이라 부담 없이 쓸 수 있다는 게 장점입니다. 역자가 좋은 책을 만들기 위해 많은 고민을 했고 독자가 내용을 쉽게 이해할 수 있도록 신경 쓴 게 보입니다. 원서의 느낌을 잘 살리면서도 한국 독자가 자연스럽게 읽을 수 있도록 잘 다듬어진 책입니다. 이 책을 통해서 여러분도 프로크리에이트를 더 쉽게 익히고 더 잘 활용할 수 있게 되리라 생각합니다.

사전 준비
이 책에 대해서

원서 정보

이 책은 '魔王とはじめる!iPadキャライラスト'의 한국어판 번역서입니다. '딥 블리자드' 작가님의 '프로크리에이트' 강의를 한 권의 책으로 정리했습니다.

- https://amzn.asia/d/cEh81u0

'클립 스튜디오 페인트' 입문서인 '디프블리자드의 초입문강좌' 한국어판 번역서도 준비 중이며 ZZOM 뉴스레터를 가입하면 출간 소식을 받아볼 수 있습니다.

- https://project-zzom.stibee.com/subscribe

한국어판 현지화

한국어판에서는 일본 아마존 평점 중 부정적인 의견을 분석하여 원서의 약점을 보완하는 데 주력했습니다. 한국의 관련 도서를 벤치마크하고 알파 리딩과 베타 리딩을 통해 한국 독자가 읽는 데 큰 무리 없게 보완했습니다.

본문, 이미지, 다운로드 파일 보완

한국 독자의 이해를 돕기 위해 아래와 같이 보완되어 있습니다.

분류	내용
본문 설명	글로 이해하기 힘든 부분 설명 추가, 보완, 순서 조정
삽화 이미지	전개가 자연스럽게 흘러가도록 이미지 추가, 보완, 순서 조정
다운로드 파일	파일명, 레이어 이름 보완

프로크리에이트 한국어 표기 vs. 맞춤법

프로크리에이트의 한국어 표기에는 한국어 맞춤법에 맞지 않는 표현이 일부 포함되어 있습니다. 이 책에서는 실습하는 데 혼란스럽지 않도록 맞춤법에 맞는 표현 대신 프로크리에이트의 한국어 표기에 맞춰 설명하고 있습니다.

프로크리에이트	맞춤법	프로크리에이트	맞춤법
다시실행	다시 실행	붙여넣기	붙여 넣기
미디움	미디엄	스포이드	스포이트

프로크리에이트 영어 표기 vs. 한국어 표기

프로크리에이트의 언어 설정을 한국어로 설정해도 영어로 표시되는 레이블이 있습니다. 이 책에서는 실습하는 데 혼란스럽지 않도록 화면에 보이는 메뉴명은 영어로, 내용을 설명할 때는 한국어로 표기했습니다.

프로프리에이트 레이블	번역서 표현	프로크리에이트 레이블	번역서 표현
QuickMenu	퀵 메뉴	QuickShape	퀵 쉐이프

원서 용어 vs. 번역서 용어

이 책에서는 원서의 용어를 다음과 같이 번역했습니다. 정확히 대체되는 의미는 아니지만 문맥 상 이해하는 데 큰 무리가 없는 선에서 가능한 한 쉬운 표현을 골라 썼습니다. 범용적인 용어에 구분이 필요할 때는 조금 더 구체적인 용어로 대체했습니다. 다른 자료나 현업에서 유사한 의미로 쓰이는 용어도 아래와 같이 정리했습니다.

원서 표현	번역서 표현	다른 표현	쓰임새
アタリ, 大ラフ, 下書き	밑그림	데생, 크로키	전체적인 구성이나 비율을 잡기 위한 초안
清書	선 따기, 선화 그리기	청서	러프의 지저분한 선을 정리하는 과정
下塗り	밑색 칠하기, 밑색 채우기	마스킹, 밑칠	채색 범위를 한정하기 위해 바닥에 색을 칠하는 과정
固有色, 基礎色	고유색	밑색	음영이나 하이라이트 넣기 전의 파츠 고유의 기본색
塗りつぶし, ベタ塗り	컬러 드롭	면색 칠하기	특정 영역을 한 가지 색으로 채우는 과정
アニメ塗り	애니메이션 스타일	애니메이션풍 채색	고유색에 음영, 하이라이트 정도만 넣는 채색 스타일
厚塗り	유화 스타일	두껍게 칠하기	불투명도가 높은 색을 여러 겹 덧칠하는 채색 스타일
グリザイユ画法	그리자유 스타일	그리자이유 기법	회색으로 명암을 먼저 그린 후 색을 입히는 채색 스타일
トンボ, 塗り足し	도련, 재단선, 재단 오차	맞춤표	종이 재단 시 오차, 인쇄 시 기준을 잡아 주는 선, 재단선

영문 병행 및 임의의 문자 표기

이 책은 프로크리에이트의 언어 설정이 한국어라고 가정합니다. 프로크리에이트의 한국어 표현 중 용어가 어렵거나 번역이 애매해 보이는 것은 프로크리에이트 핸드북(procreate handbook)을 찾아볼 수 있도록 영어 표현도 함께 표기했습니다. 임의의 문자는 ooo으로 표현했습니다. 영문 일반 명사는 소문자로 표현하되, 메뉴명 등은 찾아보기 쉽도록 화면에 보이는 대로 대소문자와 띄어쓰기를 맞췄습니다.

분류	예시
용어가 어려운 경우	색수차(chromatic aberration) / 부간법(interpolation)
한국어 표현이 애매한 경우	오른손잡이 인터페이스(right-hand interface) / 초록색 둥근 점(rotation node)
임의의 문자가 들어가는 경우	ooo.procreate / ooo.brush / ooo.brushset / ooo%

관련 자료 QR 코드 추가

책을 보고 따라 할 수 있게 가능한 한 쉽게 설명했지만 글만 봐서는 이해하기 힘들 수 있습니다. 한국어판에서는 책 내용과 관련된 자료와 영상을 스마트폰에서 참고할 수 있도록 QR 코드를 추가했습니다. 단 작가님의 유튜브 영상은 원서 집필 전의 자료이므로 책의 내용과 반드시 일치하지 않습니다. 또한 기계번역된 한국어 자막은 다소 어색할 수 있습니다. 이때는 영어 자막을 참고하거나 글로 이해하기 부분을 실습 영상으로 확인하길 바랍니다.

특별 부록 추가

이 책을 본 다음에 활용 범위를 더 넓힐 수 있도록 한국어 특별 부록으로 참고 자료를 추가했습니다. 작가님이 공개한 학습 자료와 프로크리에이트 관련 추가 정보, 롤 모델로 삼을 수 있는 한국 작가님 등을 소개합니다.

주의 사항

업데이트가 빈번한 앱 특성상 기재된 내용이 활용 시점에 보이는 것과 다를 수 있습니다. 책에 나오는 이미지 캡처 화면은 번역한 시간대와 실습 시간대(주간, 야간)의 차이에 따라 아이패드의 '화면 모드'가 달라 보이거나[1], 아이패드의 화면 분할(split view) 기능으로 창 크기가 달라 보일 수 있습니다. QR 코드, 다운로드, 참고자료 URL은 예고 없이 변경될 수 있습니다. 접속이 어려울 땐 아래 홈페이지를 확인하길 바랍니다.

- https://zzom.io

---

[1]. 아이패드의 화면 모드는 아이패드 '설정' 앱에서 '디스플레이 및 밝기 > 화면 모드'로 설정할 수 있습니다. - 옮긴이

사전 준비
이 책을 보는 방법

대상 독자 확인하기

이 책의 내용은 다음과 같은 독자에게 적합합니다.

보면 좋을 사람	볼 필요 없는 사람
• 직접 그리는 게 즐거운 사람	• AI로 그리는 게 즐거운 사람
• 아이패드, 애플펜슬이 있는 사람	• 아이패드, 애플펜슬이 없는 사람
• 프로크리에이트 사용이 미숙한 사람	• 프로크리에이트 사용이 능숙한 사람
• 전체적인 작화 공정을 알고 싶은 사람	• 자신만의 작화 공정을 최적화한 사람
• 다양한 작화 스타일을 익히고 싶은 사람	• 자신만의 작화 스타일을 고집하는 사람

보는 순서 정하기

이 책은 상황에 따라 다음의 내용을 먼저 봐도 무방합니다. 아이패드와 프로크리에이트가 처음인 독자는 유튜브에서 기본적인 사용법을 먼저 보고 오는 게 도움이 됩니다. 2장은 전체적인 흐름만 보여주고 디테일한 작업은 3, 4장에서 다룹니다. 2장에서 감을 잡고 3장에서 팁을 익힌 다음 4장의 기법을 하나 끝낸 후에 2장을 다시 봐도 좋겠습니다.

독자의 상황	1장 개요	2장 기본	3장 작업 팁	4장 응용	5장 Q&A	부록
처음 입문할 때	●	●			●	●
기본적인 작업 방식을 익히고 싶을 때		●				
반복적인 작업 시간을 줄이고 싶을 때			●			
다양한 작화 스타일을 익히고 싶을 때				●		

이 책은 상황에 따라 다음의 작화 스타일을 먼저 봐도 무방합니다.

독자의 상황	2장 애니메이션	4장 그리자유	4장 유화	4장 GtC	4장 코믹북	4장 실사 배경
웹툰을 그리고 싶을 때	●	●	●	●	●	●
인스타툰, 이모티콘을 그리고 싶을 때	●					
색상 선택에 자신 없을 때 명암 넣기에 자신있을 때		●				
붓 터치와 깊은 색감을 살리고 싶을 때 선화를 숨기거나 자신 없을 때			●			
다양한 기법의 장점만 얻고 싶을 때 효율적으로 채색하고 싶을 때				●		

관련 자료 참고 하기

러프와 선화를 그리는 게 아직 어렵다면 제공되는 선화로 채색만 해도 됩니다. '연습 자료(p. 141)'를 참고하세요. 본문과 관련 있는 웹 페이지나 동영상 URL을 QR 코드로 만들어서 추가했습니다. 책의 내용만으로 이해하기 힘들 때는 스마트폰으로 QR코드를 찍어서 참고 자료를 확인하세요.

사전 준비

필수 준비물 안내

소프트웨어 / 하드웨어 / 결제 수단

아이패드와 애플펜슬, 프로크리에이트 앱이 필요합니다.
번역시 사용된 사양과 한국에서 이용 가능한 결제수단은 다음과 같습니다.

- 소프트웨어: iPadOS 17.6.1 / Procreate 5.3.10
- 하드웨어: iPad 12.9 Wi-Fi + Cellular 512GB(5세대) / Apple Pencil(2세대)
- 결제수단: 대부분의 신용 카드 및 체크카드 / 카카오페이 / PAYCO / 통신사 결제

아이패드 준비하기

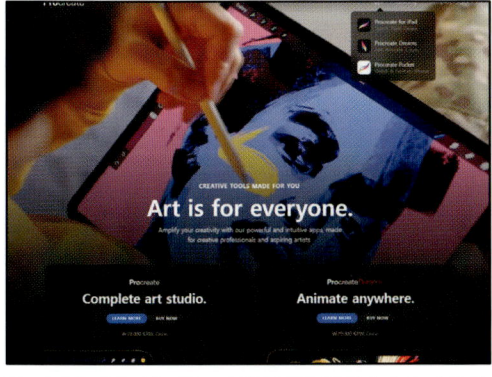

프로크리에이트는 아이패드 전용 앱입니다. 호환되는 아이패드 모델은 아래 URL에서 확인하세요.

https://help.procreate.com/articles/dbgjal-procreate-faq

애플펜슬 준비하기

애플펜슬은 아이패드 모델에 따라 호환되지 않을 수 있습니다. 호환 여부는 아래 URL에서 확인하세요[1].

https://support.apple.com/en-us/108937

웹 브라우저에서 앱 찾기

웹 브라우저에서 '프로크리에이트'를 검색하거나 아래의 URL을 입력합니다. 'Procreate for iPad'를 선택합니다[2].

https://procreate.com/

앱 스토어에서 앱 찾기

앱 스토어에서 '프로크리에이트'를 검색합니다. 19,000원 일시불로 지속적인 업그레이드를 받을 수 있습니다.

---

1. 원서 출간 이후에 출시된 애플펜슬 프로의 기능(squeeze, barrel roll)은 이 책에서 다루고 있지 않습니다. - 옮긴이
2. 'Procreate Dreams'는 애니메이션에 특화되어 있고 'Procreate Pocket'은 아이폰에서 쓸 수 있습니다. - 옮긴이

사전 준비
다운로드 파일 안내

이 책에서 사용할 브러시 파일과 아트워크 파일, 참고 파일을 다운로드합니다. 다운로드 파일은 아래의 경로에서 받을 수 있으며 웹 브라우저 주소창에 URL을 입력하거나 아이패드 카메라 앱으로 이 페이지 좌측 모서리의 QR 코드를 스캔해서 접속할 수 있습니다. 주제별로 압축된 파일을 다운로드해도 되고 압축 해제된 폴더 안에서 필요한 파일만 골라 받아도 됩니다.

- https://m.site.naver.com/1qypW

아이패드 카메라 앱 실행하기

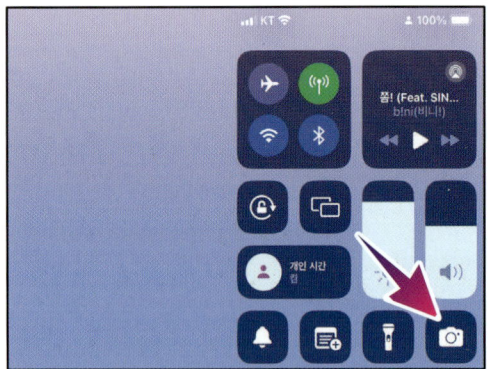

아이패드 우측 상단을 아래로 쓸어주면 '제어 센터'가 표시됩니다. 우측 하단의 카메라 앱을 실행합니다.

QR 코드 찍기

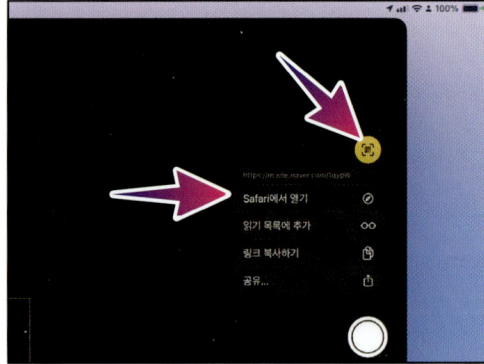

카메라 앱에서 이 책 페이지 좌측에 있는 QR 코드를 비추면 아이패드 카메라 화면 우측 상단에 QR 코드 스캔 버튼이 표시됩니다. 버튼을 탭 하면 메뉴가 뜨는데 이 예에서는 'Safari에서 열기'를 선택했습니다.

공유 폴더 접속하기

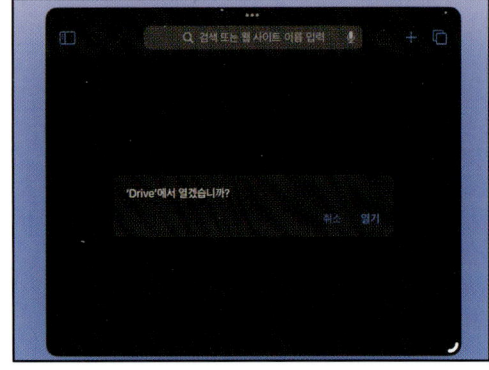

다운로드 파일은 구글 드라이브로 제공됩니다. 공유 폴더를 열도록 허용합니다.

공유 파일 확인하기

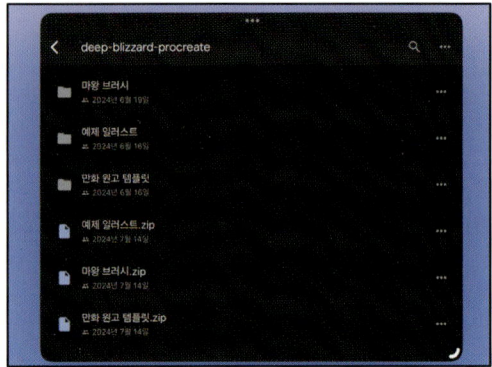

공유 폴더에는 세 가지 압축 파일과 압축이 해제된 폴더가 있습니다. 개별 파일이 필요할 때는 폴더 안의 파일을, 한 번에 받을 때는 압축 파일을 활용하세요. 일러스트 파일은 용량이 크기 때문에 다운로드할 때 오래 걸릴 수 있습니다.

다운로드 선택하기

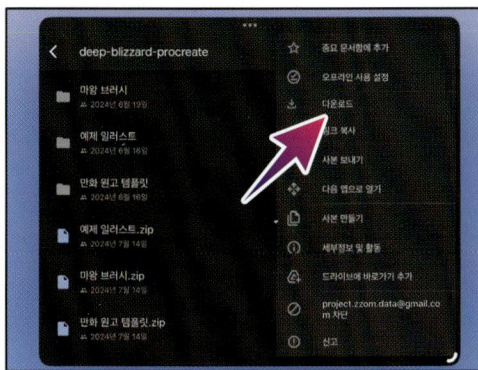

압축파일을 바로 탭 하면 '지원되지 않는 파일 형식'이라고 나올 수 있습니다. 파일 목록의 오른쪽 '...'을 탭 하면 메뉴가 표시되는데 여기서 '다운로드'를 선택합니다.

파일 저장하기

파일 용량이 큰 경우 '내보내기 준비 중'에서 오래 걸릴 수 있습니다. 준비가 끝나면 다운로드할 파일을 어떻게 처리할지 물어봅니다. 여기서는 아이패드에 저장하기 위해 '파일에 저장'을 선택합니다.

저장 위치 결정하기

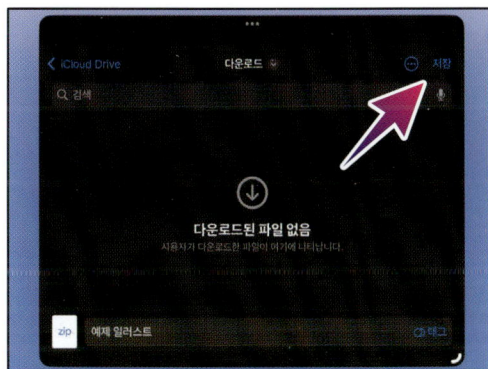

저장할 위치를 결정합니다. 여기서는 '다운로드' 폴더를 선택하고 '저장'을 탭 합니다.

압축 해제하기

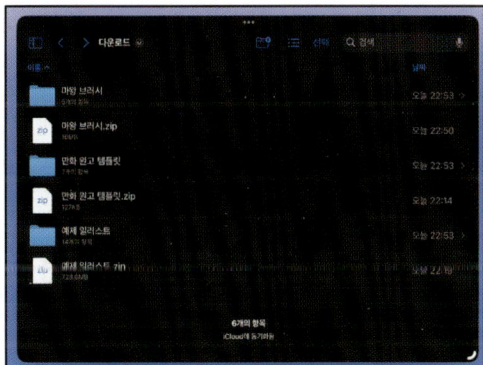

저장된 파일을 선택하면 압축이 자동으로 해제됩니다[1]. 브러시 세트(.brushset)와 브러시(.brush) 파일을 선택하면 '브러시 라이브러리'에 추가되고 아트워크 파일(.procreate) 파일을 선택하면 '갤러리'에 추가됩니다.

내용 확인하고 설치하기

'마왕 브러시'에는 브러시 3개와 그걸 통합한 브러시 세트 1개가 있습니다. 브러시 세트로 한 번에 설치하거나 원하는 것만 개별 설치할 수 있습니다.

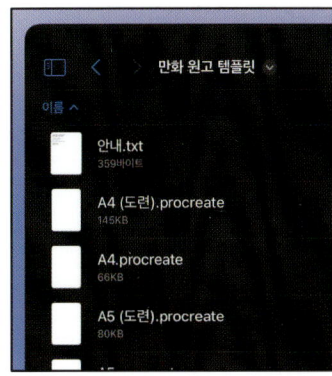

'만화 원고 템플릿'에는 세 가지 판형의 인쇄용지 템플릿이 준비되어 있습니다. 각 판형은 도련이 있는 종이 인쇄용과 도련이 없는 웹 게시용이 있습니다.

'예제 일러스트'에는 여섯 가지 일러스트가 준비되어 있습니다. 작화 과정을 엿볼 수 있는 '.procreate' 파일과 참고용 이미지인 '.png' 파일이 있습니다.

---

1. '.brush', '.brushset', '.procreate' 파일을 선택하면 프로크리에이트에 바로 설치됩니다. '.png' 파일은 이미지를 참고하거나 프로크리에이트에서 가져오기를 할 때 활용하세요. - 옮긴이

사전 준비
예제 미리보기

애니메이션 스타일

그리자유 스타일

유화 스타일

GtC 스타일

코믹북 스타일

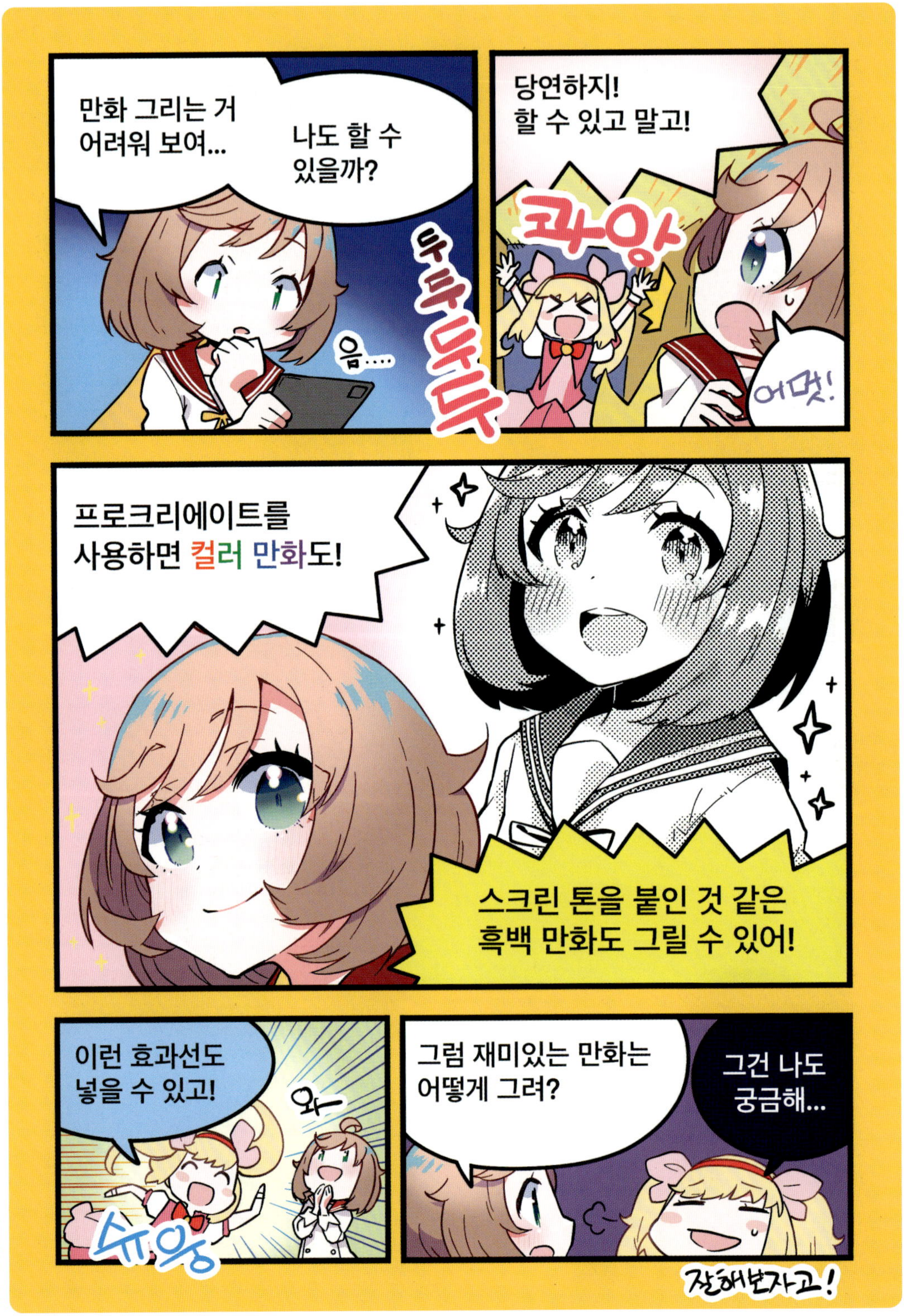

실사 배경 스타일

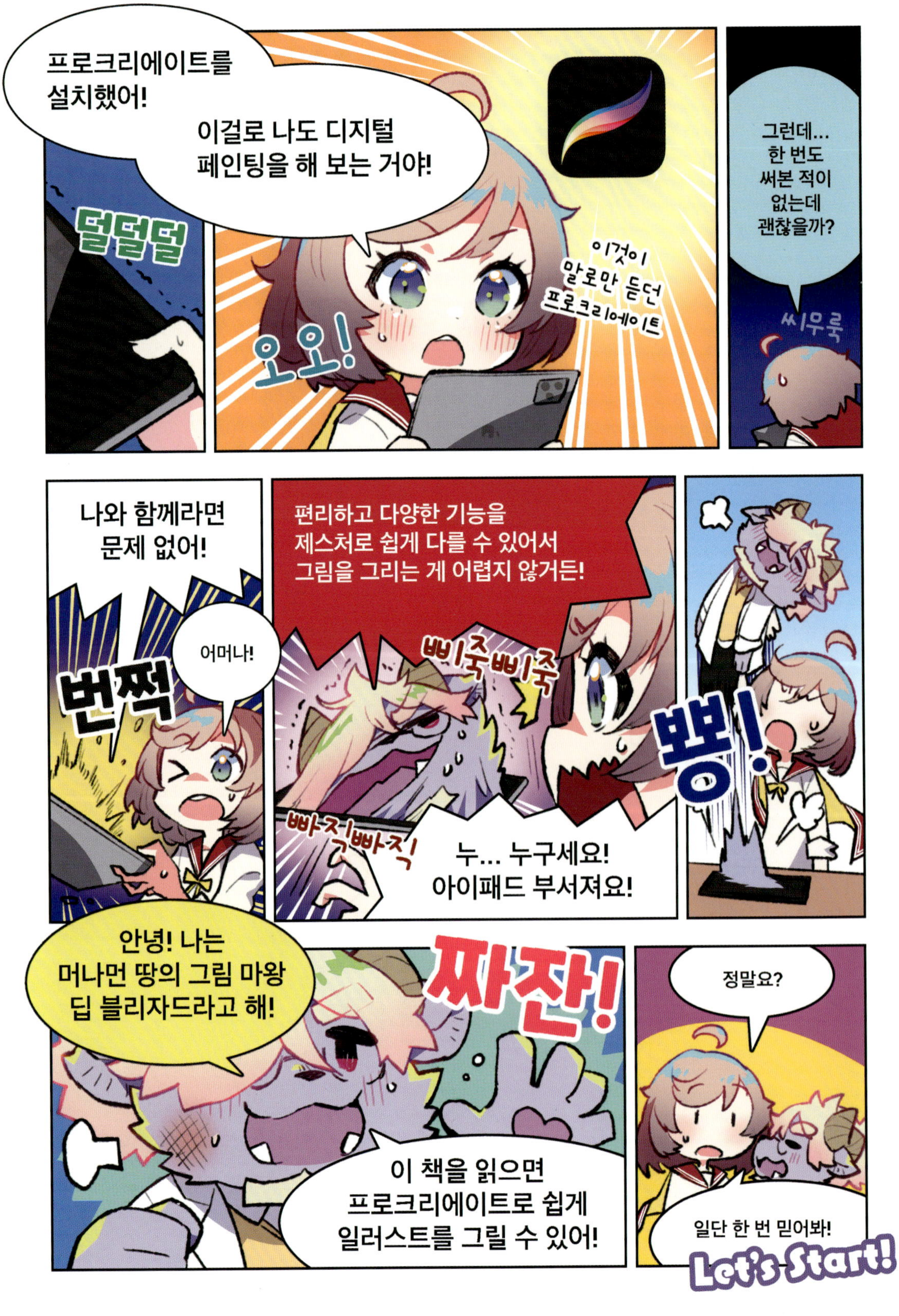

Chapter 1
프로크리에이트 사용법

Chapter 1 프로크리에이트 사용법
프로크리에이트의 특징

프로크리에이트는 아이패드 전용 그림 앱입니다. 사용하기 쉬워서 그리는 재미가 있죠. 레이어를 얹으면서 다양한 기능을 활용하다 보면 수준 높은 일러스트도 어렵지 않게 완성할 수 있습니다. 실수를 하더라도 몇 번이든 수정할 수 있으니 부담 없이 도전하며 실력을 키워 봅시다. 그럼 프로크리에이트의 특징을 살펴볼까요?

아이패드 전용 앱

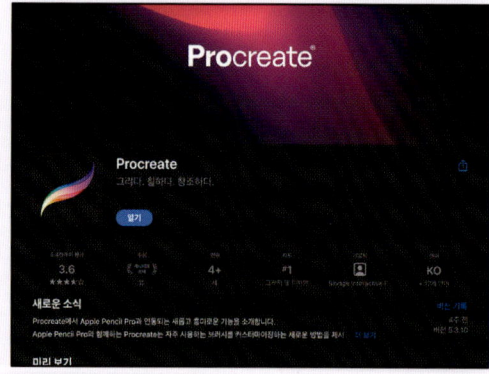

유료 앱 중에서는 기능에 비해 저렴한 편입니다.

프로크리에이트는 아이패드 전용 앱이라서 PC에서는 쓸 수 없습니다. 앱 스토어에서 결제하면 다운로드할 수 있고 설치가 끝나면 바로 쓸 수 있어요.

포토샵과 호환

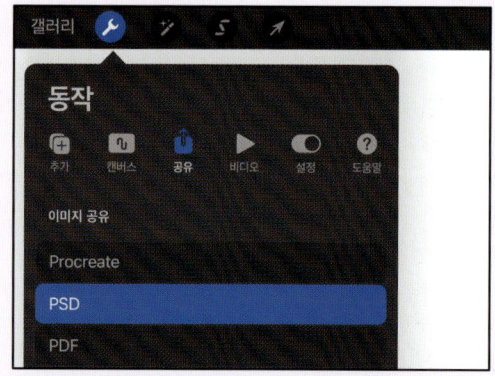

프로크리에이트는 다양한 이미지 파일을 지원합니다. 어도비 포토샵에서 쓰는 PSD 파일을 쓸 수 있는 게 큰 특징인데요. 프로크리에이트로 그린 일러스트라도 레이어 구조를 유지한 채 포토샵에 옮겨서 작업할 수 있습니다.

탁월한 레이어 기능

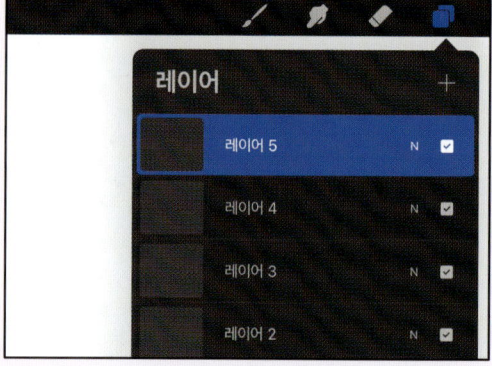

프로크리에이트의 매력은 레이어 기능에 있습니다. 그림을 그리는 걸로 끝나는 게 아니라 레이어마다 다양한 변화를 줌으로써 색을 입히거나 형태를 바꾸는 등 다양한 조작을 할 수 있습니다.

손쉬운 사용법

프로크리에이트는 디테일한 부분까지 사용자를 고려해서 쓰기 편한 데다 기능도 많습니다. 입맛에 맞게 커스터마이징도 할 수 있기 때문에 내 손에 꼭 맞는 나만의 도구로 만들 수 있습니다.

사용하기 쉽다는 건 그림을 그릴 때의 피로감이 덜하다는 말이기도 합니다. 오랫동안 그려도 덜 피곤하기 때문에 실력도 빠르게 향상될 겁니다. 프로크리에이트를 익히면서 마음껏 솜씨를 발휘해 보세요.

자유로운 변형 기능

> 가성비가 좋다는 게 프로크리에이트의 최대 장점입니다.

프로크리에이트는 그림을 변형하거나 확대, 축소하는 기능이 탁월합니다. 선화를 그릴 때 미세 조정하거나 완성작을 보완할 때 꼭 필요한 기능이죠.

다채로운 필터 기능

간편한 색상 변경

필터를 사용하면 다양한 연출을 할 수 있습니다. 이미 완성된 그림이라도 상황에 맞게 재가공할 수 있죠. 여러 가지 변화를 시도하면서 다채로운 버전으로 제안해 보세요.

레이어를 활용해서 캐릭터를 칠하면 색을 변경하고 싶을 때 손이 덜 갑니다. 실수도 줄고 스트레스도 덜 하니 쓰지 않을 이유가 없겠죠?

Chapter 1 프로크리에이트 사용법

기본적인 화면 구성

프로크리에이트의 화면은 크게 '갤러리' 화면과 '캔버스' 화면으로 구성됩니다. 갤러리 화면에는 전에 그린 작품을 썸네일로 볼 수 있고 새로운 캔버스를 만들 수 있습니다. 캔버스 화면에는 상단에 각종 도구가 모여 있는 메뉴바가, 중앙에는 그림을 그릴 수 있는 캔버스가 표시됩니다. 캔버스 측면에는 브러시 크기와 불투명도를 조절하는 사이드바가 있습니다. 메뉴바의 좌측에는 편집 관련 기능이, 메뉴바의 우측에는 그림 관련 기능이 있습니다.

갤러리 확인

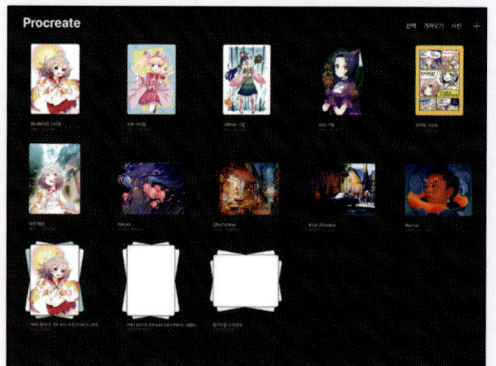

프로크리에이트를 시작하면 표시되는 화면입니다. 이전 작품을 썸네일로 확인할 수 있습니다.

캔버스 생성

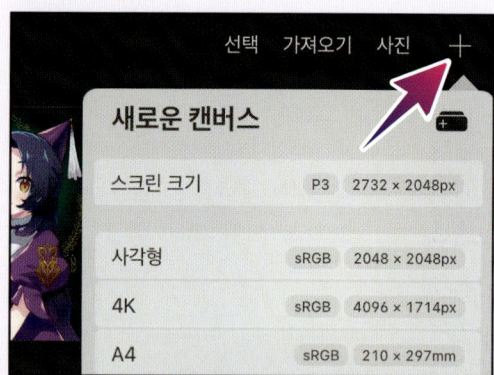

우측 상단의 '+'를 탭 하면 새로운 캔버스를 만들 수 있습니다. 준비된 캔버스 규격에서 선택할 수 있습니다.

캔버스 크기 설정

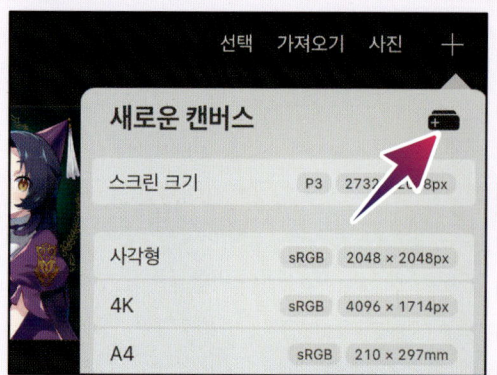

준비된 규격이 마음에 들지 않는다면 캔버스 크기를 직접 지정할 수 있습니다. '새로운 캔버스' 패널에서 우측 상단의 검은색 사각형 아이콘을 탭 합니다.

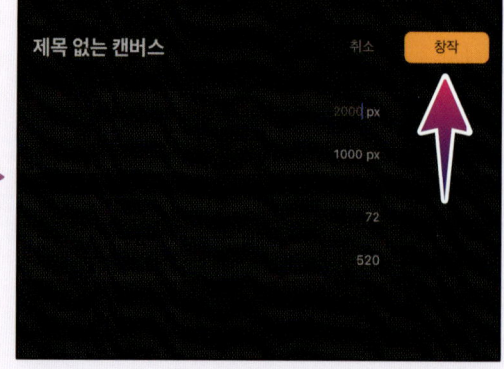

너비, 높이, DPI에 원하는 값을 입력하고 우측 상단의 '창작' 버튼을 탭 합니다[1]. 최대 레이어 수는 아이패드 사양에 따라 달라질 수 있습니다.

---

1. 캔버스 크기나 브러시 크기가 생각한 것과 다르게 나올 때는 캔버스 단위를 확인하세요. '밀리미터', '센티미터', '인치', '픽셀'을 잘 못 지정하는 경우가 있습니다. DPI(dot per inch)는 1인치 안에 들어가는 점의 개수를 의미합니다. - 옮긴이

직관적인 도구 배치

- 브러시 (paint)
- 손가락 (smudge)
- 변형 (transform)
- 지우개 (erase)
- 선택 (selections)
- 레이어 (layers)
- 조정 (adjustments)
- 색상 패널 (color)
- 동작 (actions)
- 갤러리 화면으로 돌아가기 (gallery)

- 브러시 크기 조정 (brush size)
- 수정 버튼 (modify button)
- 브러시 불투명도 조정 (brush opacity)
- 실행취소 (undo)
- 다시실행 (redo)
- 사이드바 (sidebar)[1]

> 설명하지 않아도 쉽게 쓸 수 있을 만큼 직관적으로 만들어져 있습니다.

---

1. 사이드바는 처음에 왼쪽에 있습니다. 이 책에서는 상황에 따라 사이드바 위치를 왼쪽, 오른쪽으로 자유롭게 옮겨 쓰고 있습니다. 오른쪽으로 옮기려면 메뉴 좌측 상단에서 '동작' 아이콘을 탭 하고 '설정 > 오른손잡이 인터페이스(right-hand interface)'를 활성화합니다. - 옮긴이

브러시 고르기

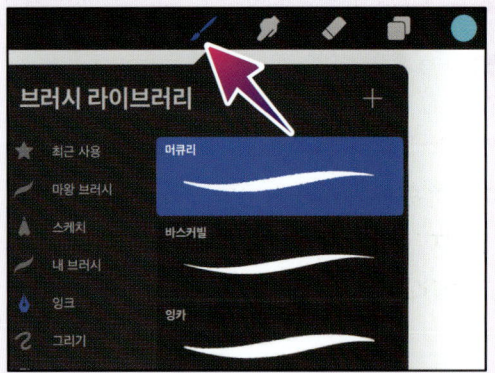

메뉴 우측 상단의 '브러시' 아이콘을 탭 하고 브러시를 고릅니다. 브러시의 크기나 불투명도는 캔버스 측면의 사이드바에서 조절합니다.

지우개 고르기

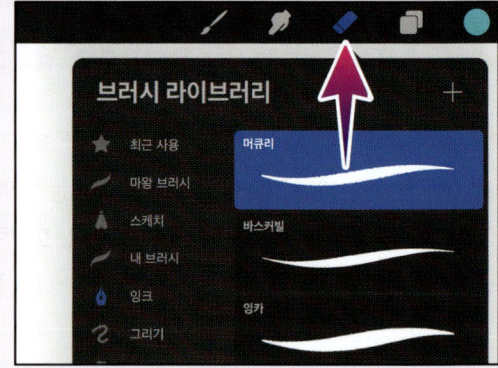

'지우개' 아이콘을 탭 하면 지우개로 쓸 브러시를 고를 수 있습니다. 같은 브러시 라이브러리를 사용하고 브러시의 종류에 따라 깔끔하게 지우거나 거칠게 지울 수 있습니다. 크기와 불투명도는 사이드바로 조절합니다.

색상 고르기

'색상' 아이콘을 탭 하면 색상 패널이 나옵니다. 다섯 가지 패널에서 원하는 걸 골라 쓰면 됩니다. 상단의 막대 모양 손잡이를 드래그하면 패널을 메뉴바에서 떼어낼 수 있습니다. 패널을 화면에 항상 띄워놓고 싶을 때 유용합니다.

자신에게 맞는 브러시와 색상 패널을 커스터마이징 할 수 있어요.

레이어 활용하기

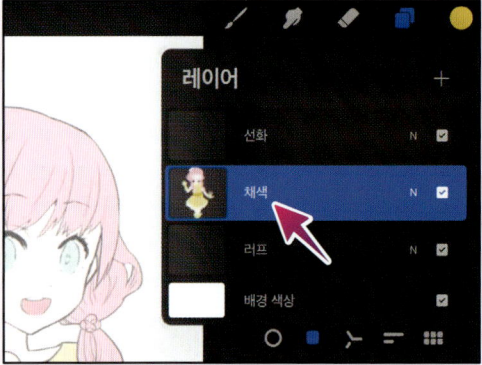 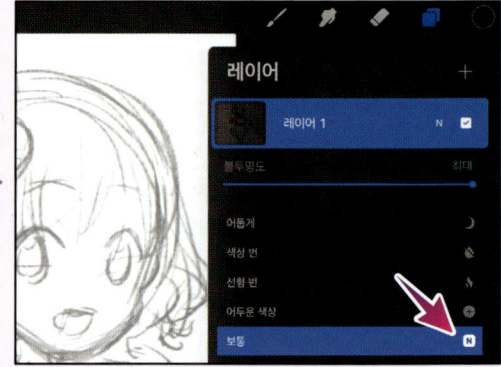

프로크리에이트의 강점은 레이어 기능이라 해도 과언이 아닙니다. 여러 레이어를 하나로 합치거나, 파츠별로 레이어를 구분할 수 있습니다.

레이어는 '블렌드 모드'나 '마스크', '알파 채널 잠금'을 설정하는 등 다양한 기능을 쓸 수 있습니다. 상황에 맞게 레이어를 활용하면서 멋진 일러스트를 그려봅시다.

---

1. '블렌드 모드'는 레이어 우측의 알파벳 부분을 탭 하고 아래 목록에서 설정할 수 있고, '마스크'와 '알파 채널 잠금'은 레이어 좌측의 썸네일 부분을 탭 하고 좌측 옵션 메뉴에서 설정할 수 있습니다. - 옮긴이

Chapter 1 프로크리에이트 사용법
다양한 편의 기능

프로크리에이트에는 작가의 수고를 덜어주는 다양한 기능이 있습니다. 한 번 쓰면 계속 쓸 만큼 편리한 기능이니 이것저것 시험하고 활용해 보세요. 표현력이 넓어지는 각종 필터 외에도 깔끔하게 그려주는 퀵 쉐이프, 참고 이미지를 볼 수 있는 레퍼런스 창, 작품을 온라인에 게시할 수 있도록 파일을 변환하는 공유 기능 등이 있습니다.

퀵 쉐이프(QuickShape) 활용하기

애플펜슬로 원을 그린 다음 펜 끝을 떼지 않고 잠깐 기다리면 깔끔한 타원이 완성됩니다[1]. 이때 손가락으로 화면을 탭 하면 타원을 정원으로 바꿀 수 있죠(p. 084). 이 기능은 사각형을 그릴 때도 쓸 수 있습니다.

레퍼런스 표시하기

메뉴 좌측 상단에서 '동작' 아이콘을 탭하고 '캔버스 > 레퍼런스'를 활성화하면 작은 패널이 추가로 표시됩니다. 캔버스 전체를 살펴보거나, 다른 이미지를 참고할 수 있고, 카메라에 찍힌 얼굴을 보면서 자화상을 그릴 수도 있습니다.

SNS에 작품 올리기

스트레스받지 않고 기분 좋게 그릴 수 있는 다양한 편의 기능이 준비되어 있습니다.

갤러리 화면의 우측 상단에서 '선택'을 탭 한 다음 마음에 드는 작품을 선택합니다. 이어서 '공유'를 탭 하면 JPEG나 PNG로 내보낼 수 있고 '사진' 앱에 저장하거나 SNS 플랫폼 등에 업로드할 수 있습니다[2].

---

1. 기다리는 시간은 메뉴 좌측 상단에서 '동작' 아이콘을 탭하고 '설정 > 제스처 제어 > QuickShape'에서 설정할 수 있습니다. - 옮긴이
2. 실습 인증 시 독자 참여 리워드를 드리고 있습니다. 자세한 내용은 '참여하는 독자에게 리워드로 환원을(p. 153)'를 참고하세요. - 옮긴이

Chapter 1 프로크리에이트 사용법

레이어의 기본 조작

프로크리에이트의 강점은 '레이어'에 있다고 해도 지나치지 않습니다. 러프[1]를 그리고, 선을 따고, 채색하고, 효과를 주기까지 다양한 공정을 매끄럽게 진행하기 위해서는 레이어를 이해하는 게 중요합니다. 레이어라고 하면 왠지 어려울 것 같지만 투명한 셀로판지 여러 장에 그림을 나눠서 그린 다음 한 장의 그림처럼 겹쳐서 보는 것과 비슷합니다. 레이어는 더하거나 뺄 수 있고, 순서를 바꿀 수도 있습니다. 레이어는 그림을 직관적으로 다룰 수 있는 편리한 기능입니다.

레이어란?

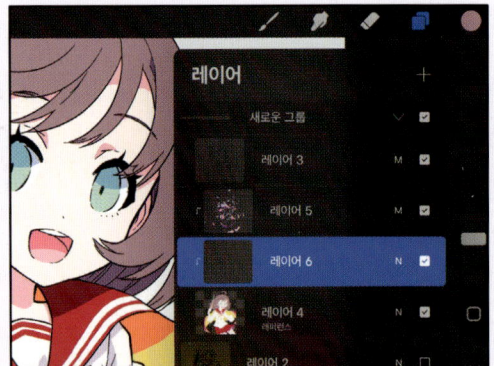

레이어(layer)는 '층(層)'을 말합니다. 일러스트는 여러 장의 레이어를 겹쳐서 그립니다. 배경과 캐릭터를 구분하거나 캐릭터의 선화와 채색을 서로 다른 레이어에 하기도 합니다. 옛날 셀 애니메이션 영화의 제작 방식과 비슷합니다.

레이어 추가하기

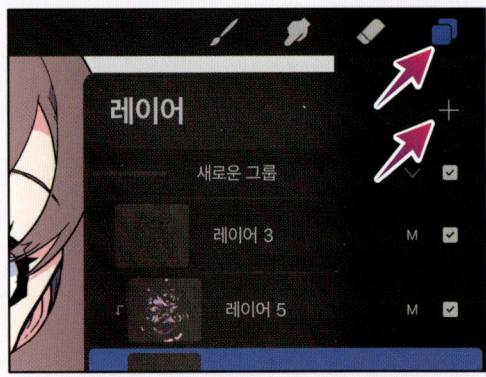

캔버스 화면에서 메뉴 오른쪽의 '레이어' 아이콘을 탭 하면 현재 레이어를 확인할 수 있습니다. '레이어' 패널 우측 상단의 '+'를 탭 하면 새로운 레이어를 추가할 수 있는데 '레이어 1', '레이어 2'와 같이 자동으로 이름이 정해집니다.

레이어 삭제하기

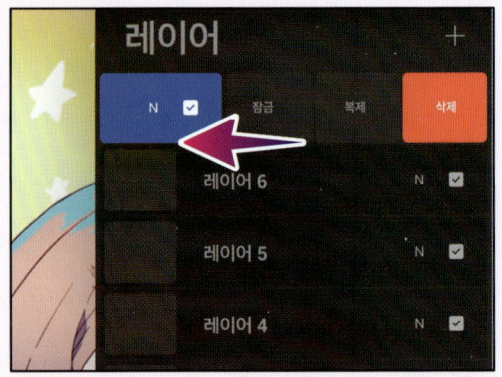

레이어를 숨기고 싶다면 오른쪽의 체크박스를 해제합니다. 레이어를 삭제하고 싶다면 레이어를 왼쪽으로 스와이프 하고 '삭제'를 탭 합니다. 삭제한 레이어는 복원되지 않습니다. 대신 '실행 취소' 기능[2]으로 되돌릴 순 있습니다.

---

1. 밑그림(아타리, 大ラフ, 下書き)과 선화 사이에 그리는 개략적인 스케치입니다. - 옮긴이
2. '실행 취소(undo)' 기능은 최대 250단계까지 가능합니다. 단 갤러리로 돌아가면 변경 이력이 초기화되어 실행 취소할 수 없습니다. - 옮긴이

레이어 옵션 확인하기

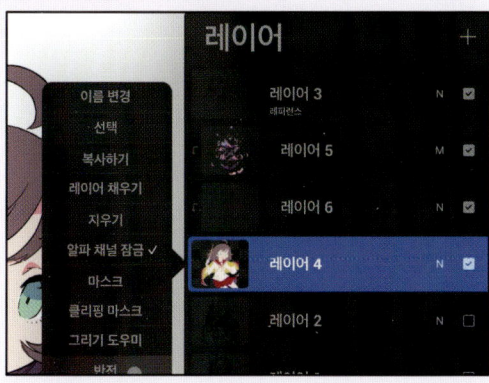

레이어의 썸네일을 탭 하면 왼쪽에 옵션 메뉴가 표시됩니다. '이름변경(rename)'부터 '아래로 결합(combine down)'까지 다양한 옵션을 확인할 수 있습니다.

레이어 합치기

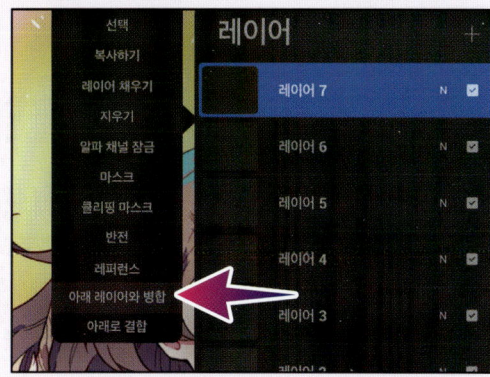

레이어를 하나로 합치려면 결합하고 싶은 레이어를 위, 아래로 배치한 뒤 위의 레이어 옵션 메뉴에서 '아래 레이어와 병합(merge down)'을 탭 합니다. 위의 레이어는 아래로 합쳐지고 아래 레이어의 이름만 남습니다[1].

레이어 순서 변경하기

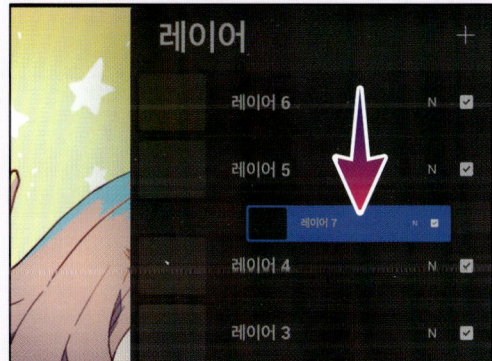

레이어의 순서를 바꾸려면 레이어를 길게 눌러 드래그한 다음 원하는 위치에서 드롭합니다.

불투명도, 블렌드 모드 변경하기

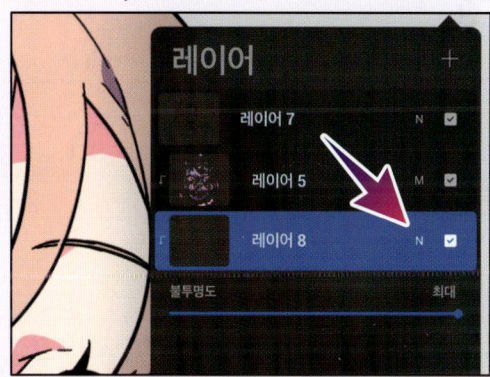

레이어 이름과 체크박스 사이의 알파벳을 탭 합니다. 아래로 불투명도와 블렌드 모드(p. 076)를 설정하는 화면이 펼쳐집니다.

그룹으로 만들기

 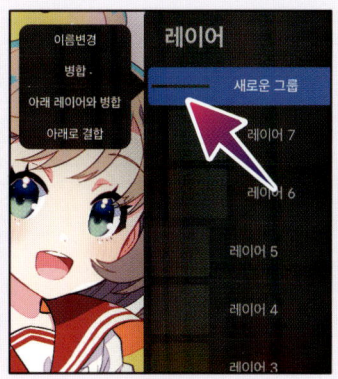 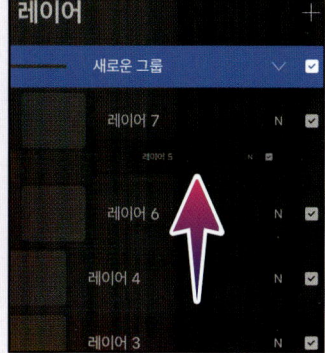

레이어를 길게 누른 후 다른 레이어의 썸네일 위로 드래그 앤 드롭하면 새로운 그룹이 만들어집니다. 옵션 메뉴에서 '아래로 결합'을 해도 마찬가지입니다.

그룹의 막대 모양 경계선을 누르면 왼쪽에 옵션 메뉴가 나옵니다. '이름변경'으로 그룹명을 바꿀 수 있고 '병합'을 선택하면 그룹 안의 레이어가 합쳐집니다.

다른 레이어를 그룹에 넣으려면 레이어를 길게 눌러 드래그한 다음 그룹 안의 원하는 위치에 드롭합니다.

1. 위, 아래로 나열된 레이어를 두 손가락으로 집어내는 핀치(pinch) 제스처로도 레이어를 합칠 수 있습니다. 손가락만 닿는다면 여러 개의 레이어를 합칠 수도 있습니다. - 옮긴이

Chapter 1 프로크리에이트 사용법

제스처의 기본 조작

아이패드를 써 봤다면 이미 친숙할 '핀치인(pinch in)', '핀치아웃(pinch out)' 외에도 회전과 이동 역시 제스처로 할 수 있습니다. '실행취소(undo)'와 '다시실행(redo)'도 손 끝으로 빠르게 실행할 수 있기 때문에 그리기와 수정을 반복하면서 꼼꼼하게 작업을 할 수 있습니다. 제스처는 원하는 동작에 원하는 기능을 커스터마이징 해서 연결할 수 있습니다. 자주 쓰는 기능을 미리 정의하면서 자신만의 스타일로 최적화해 보세요.

핀치인, 핀치아웃

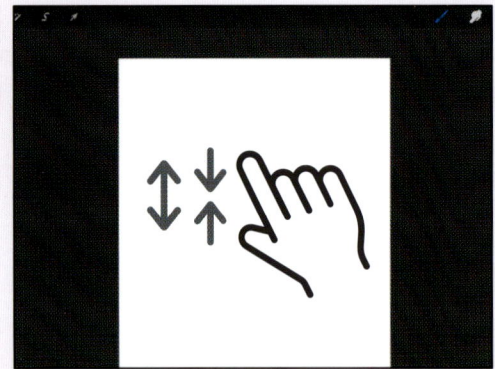

'핀치인'은 손가락 2개로 집는 동작으로 캔버스를 축소할 때 사용합니다. '핀치아웃'은 손가락 2개로 벌리는 동작으로 캔버스를 확대할 때 사용합니다. 익숙해지면 확대와 축소를 반복하면서 일러스트를 그릴 수 있습니다.

회전, 이동

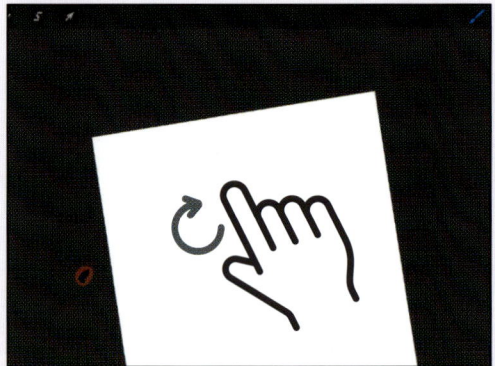

브러시나 지우개를 사용할 때 손이 움직이기 편한 방향으로 화면을 기울일 수 있습니다. 아이패드 자체를 돌려도 되지만 손가락 2개로 화면을 꼬집듯이 회전시키면 캔버스의 각도가 틀어지고 이동도 할 수 있습니다.

실행취소, 다시실행

손가락 2개로 화면을 탭 하면 '실행취소'가 되고 손가락 3개로 화면을 탭 하면 '다시실행'이 됩니다. 그림이 빨리 느는 비결은 몇 번이든 고치면서 다시 그리는 겁니다. 부담 없이 취소와 실행을 반복하면서 작품을 완성해 봅시다.

제스처 커스터마이징

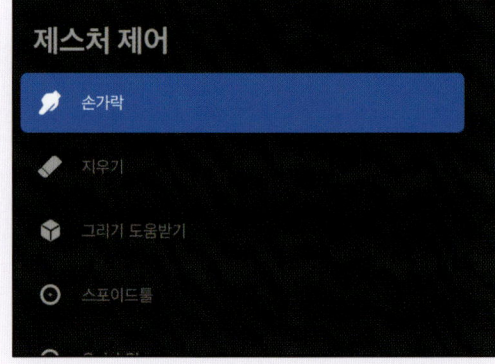

사용자의 입맛대로 제스처를 커스터마이징 할 수 있습니다(p. 064). 자주 쓰는 기능을 쓰기 편한 제스처에 매핑하면서 작업하는 효율을 높여봅시다.

Chapter 2 초간단 일러스트 작화법
기본적인 작업 흐름

프로크리에이트에서는 레이어를 얼마나 잘 활용하느냐에 따라 일러스트의 퀄리티가 달라집니다. 실습을 하기에 앞서 밑그림[1]부터 러프, 선화, 채색, 효과, 마무리까지 기본적인 작업 과정을 소개합니다. 아직은 따라 하지 말고 순서만 확인하세요.

프로크리에이트 실행하기

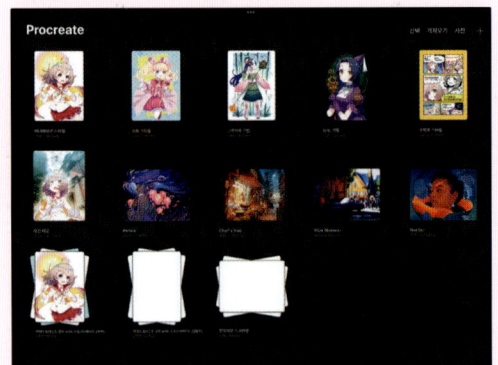

프로크리에이트를 실행하면 이전 작품이 썸네일로 표시됩니다. 설치 후 처음 실행한다면 기본으로 제공되는 샘플 이미지를 볼 수 있습니다. 이제부터 그릴 일러스트는 모두 여기서 확인할 수 있습니다.

새로운 캔버스 만들기

그림을 그리려면 캔버스가 필요합니다. 우측 상단의 '+'를 탭하면 새 캔버스를 만들 수 있습니다.

❶ 러프 그리기   p. 038~

밑그림으로 전체적인 위치를 잡아준 다음 캐릭터를 러프하게 스케치합니다. 이 단계에서 일러스트의 큰 틀을 결정합니다.

❷ 선 따기   p. 041~

러프 위로 덧 그리듯이 선화를 그립니다. 바깥쪽의 윤곽은 굵게, 안쪽의 세세한 묘사는 가늘게 그으면서 강약을 넣어 주세요. 선이 끊어지거나 삐져나오지 않게 정성스럽게 그리는 게 요령입니다[2].

---

1. 분위기나 위치, 크기, 균형을 잡기 위한 거친 초안입니다. 이 책에서는 'アタリ, 大ラフ, 下書き'를 '밑그림'으로 번역합니다. - 옮긴이
2. 러프와 선화를 그리는 데 게 아직 어렵다면 제공되는 선화로 채색만 해도 됩니다. '연습 자료(p. 141)'를 참고하세요.

❸ 색칠하기 p. 046~

선화 레이어 아래에 고유색[1] 레이어를 만듭니다. 애니메이션 스타일에서는 파츠별로 채색 범위를 확인한 뒤 각각의 파츠에 고유색을 채워줍니다.

❹ 음영 넣기 p. 051~

애니메이션 스타일은 음영을 깔끔하게 넣는 게 특징입니다. 음영 레이어를 만든 다음 고유색 레이어보다 조금 더 어두운 색을 얹어줍니다. 레이어의 블렌드 모드는 '곱하기'로 설정합니다.

❺ 그러데이션 넣기 p. 054~

그러데이션(gradation)은 색조나 명암 등을 점차 변화시키는 기법입니다. 고유색 레이어 위에 그러데이션 레이어를 추가합니다. '소프트 브러시'를 불투명도 75%로 설정하고 밝은 쪽에서 어두운 쪽으로 그러데이션을 넣습니다[2].

❻ 하이라이트 넣기 p. 058~

하이라이트 레이어를 추가하고 빛이 닿는 부분에 포인트를 줍니다.

❼ 배경 그리기 p. 059~

캐릭터의 뒤쪽으로 배경 레이어를 추가합니다. 배경을 그리거나 효과를 넣습니다.

❽ 마무리하기 p. 060~

디테일한 부분을 보완하고 마무리합니다. 작업별로 레이어를 분리해 두면 나중에 퀄리티를 높이는 데 도움이 됩니다.

---

1. 이 책에서는 채색 범위 전체에 한 가지 색으로 칠하는 걸 '밑색', 그 위에 파츠별로 기본색을 칠하는 걸 '고유색'으로 구분했습니다. - 옮긴이
2. 메뉴 우측 상단의 '브러시' 아이콘을 탭 한 다음 '브러시 라이브러리 > 에어브러시 > 소프트 브러시'를 선택합니다. - 옮긴이

Chapter 2 초간단 일러스트 작화법

1단계: 러프 그리기

기본적인 순서는 살펴봤으니 지금부터 본격적으로 따라해 봅시다. 무작정 그림을 그리려고 해도 아무것도 없는 상태라면 막연할 수 있습니다. 우선은 머릿속의 이미지를 캔버스에 옮겨보세요. 이때 중요한 건 러프를 바로 그리는 게 아니라 전체적인 위치와 균형을 잡을 수 있도록 밑그림을 먼저 그린다는 겁니다. 그 위에 러프 레이어를 추가하고 조금 더 구체적으로 스케치를 하는 거죠.

❶ 새로운 캔버스 만들기

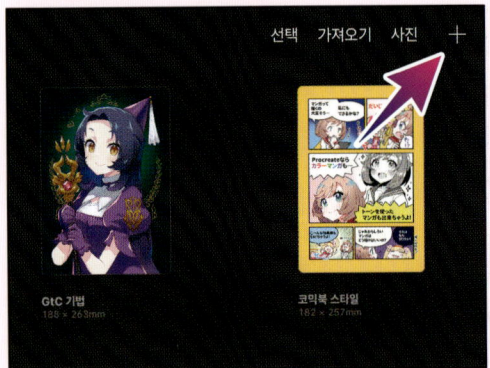

새로운 캔버스를 만듭니다(p. 028). 갤러리 우측 상단의 '+'를 탭 한 다음 '새로운 캔버스' 패널의 검은색 아이콘을 탭 합니다. '사용자지정 캔버스' 화면에서 너비 188mm, 높이 263mm, DPI는 350 dpi로 크기를 설정합니다[1].

❷ 브러시 선택하기

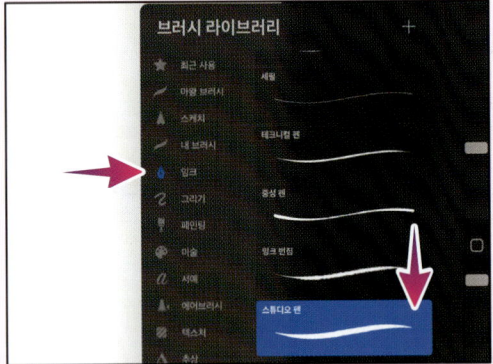

메뉴 우측 상단에서 '브러시' 아이콘을 탭 하고 '브러시 라이브러리 > 잉크'에서 '스튜디오 펜'을 선택합니다. 만화에 적합한 브러시로 입문자에게 추천합니다. '브러시 라이브러리' 바깥쪽을 탭 해서 브러시 라이브러리를 닫아줍니다.

❸ 브러시 크기 변경하기

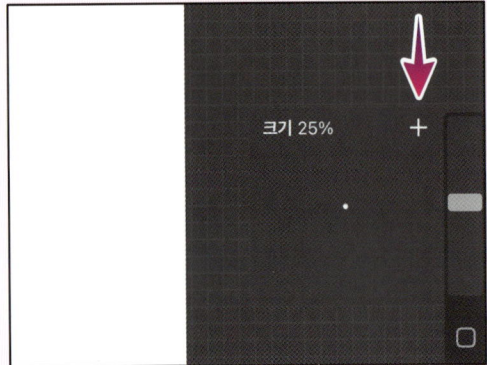

사이드바 위쪽을 조절하면 브러시 크기를 변경할 수 있습니다. 이 예제의 러프에선 25% 정도로 설정합시다. 러프는 조금 굵게 그리는 게 좋은데 사람마다 취향은 다를 수 있으니 다양하게 조절하며 자신에게 맞는 크기를 찾아봅시다.

❹ 불투명도를 100%로 설정하기

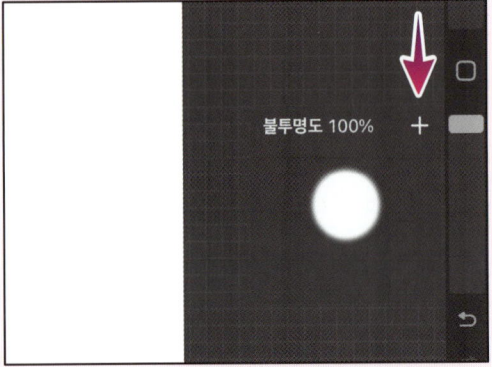

사이드바 아래쪽을 조절하면 브러시의 불투명도를 변경할 수 있습니다. 러프를 그릴 때는 100%로 설정합니다. 기본값이 100%니까 제대로 설정되었는지 확인만 해주세요.

---

1. B5의 JIS 규격 182 x 257mm를 재단 오차 3mm를 상하좌우로 더하면 188 x 263 mm가 됩니다. 인쇄 후에 모서리를 3mm씩 잘라내면 182 x 257mm의 작품이 나옵니다. DPI는 웹 게시용으로 72 dpi, 컬러 인쇄용으로 350 dpi, 흑백 인쇄용으로 600 dpi가 적합합니다. 웹 게시용 색상 프로파일은 'RGB', 인쇄용 색상 프로파일은 'CMYK'에서 선택합니다. - 옮긴이

❺ 밑그림으로 구도잡기

캔버스에 밑그림을 그립니다. 구도와 캐릭터의 포즈, 파츠 등의 위치를 잡아줍니다. 화면을 확대, 회전, 실행취소를 반복하면서 밑그림을 완성합니다. 지우는 브러시를 그리는 브러시와 같은 걸 쓰면 디테일한 부분도 고칠 수 있습니다.

❻ 러프 레이어 추가하기

메뉴 우측에서 '레이어' 아이콘을 탭 하고 '레이어' 패널 우측 상단의 '+'로 레이어를 추가합니다. 밑그림 레이어(레이어 1) 위에 러프 레이어(레이어 2)가 생겼습니다. 이제 좀 더 세밀하게 러프를 그려 봅시다.

❼ 밑그림 레이어의 불투명도 낮추기

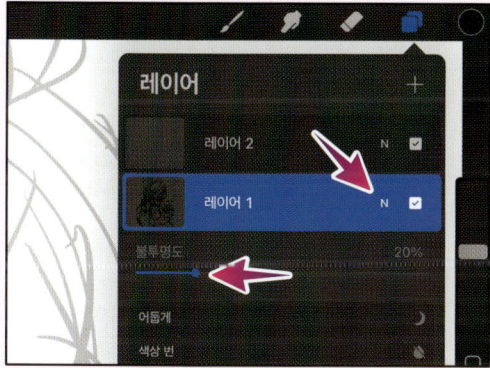

레이어를 겹친 상태에서는 밑그림도 함께 보이기 때문에 러프를 그릴 때 헷갈릴 수 있습니다. 밑그림 레이어(레이어 1)의 'N' 부분을 탭 한 다음 불투명도를 20% 정도로 낮춰줍니다.

❽ 러프 그리기

러프 레이어(레이어 2)를 선택한 다음 '레이어' 패널을 닫아주세요. 캔버스에 선을 그으면 희미한 밑그림 위로 러프가 그려집니다. 망설이지 말고 자신 있게 그려주세요.

❾ 밑그림 레이어 숨기기

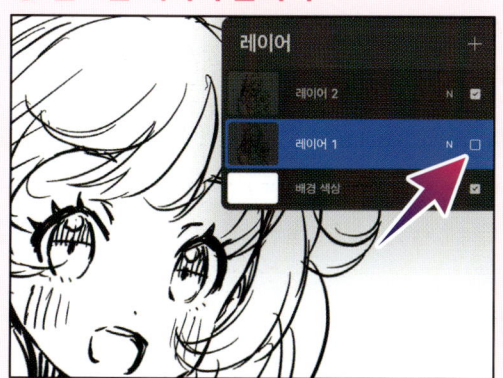

러프가 완성되면 '레이어' 패널을 표시하고 밑그림 레이어(레이어 1)를 선택합니다. 오른쪽의 체크박스를 끄면 밑그림이 사라지고 러프 레이어(레이어 2)만 표시됩니다.

❿ 러프 레이어 수정하기

러프 레이어(레이어 2)에서 실수한 부분을 수정합시다. 좌우를 반전하며 (p. 080) 밸런스를 확인하고, 화면을 회전하며 어색한 부분을 찾습니다. 수정할 때는 '왜곡' 기능(p. 082)이 유용합니다[1]. 수정이 끝나면 러프는 완성입니다.

---

1. 메뉴 좌측 상단 '조정' 아이콘을 탭 한 다음 '픽셀 유동화'에 들어가면 하단 패널에 '왜곡' 기능이 있습니다. 같은 이름으로 다른 기능이 있는데요. 메뉴 좌측 상단 '변형' 아이콘을 탭 하면 하단 패널에서 '왜곡' 기능을 볼 수 있습니다. - 옮긴이

Point
러프를 잘 그리는 요령

러프를 잘 그리는 방법은 단계별로, 점진적으로 구체화하는 겁니다. 러프를 무작정 그리지 말고 밑그림을 그린 다음 레이어를 얹으면서 작업을 해봅시다. 구도를 잡기 위한 첫 번째 밑그림과 선을 따기 직전의 마지막 러프 사이에 한 단계 정도를 더 그려보길 권합니다. 그런 다음 캐릭터와 소품, 파츠별로 레이어를 구분하면 그리기도 편하고 수정도 쉬울 겁니다.

처음 러프는 굵게 대충 그린다

밑그림으로 전체적인 구도를 잡은 다음 첫 러프를 그립니다. 너무 꼼꼼하게 그리지 말고 대충 그린다는 느낌으로 밸런스만 잡아주세요.

다음 러프는 가늘고 꼼꼼하게 그린다

첫 러프의 불투명도를 낮춰서 희미하게 만든 다음 얇은 브러시로 구체적인 러프를 그려주세요. 선이 바뀌면서 첫 러프와 헷갈리지 않게 그릴 수 있습니다.

좌우반전으로 밸런스를 확인한다

어느 정도 그렸으면 수시로 좌우를 반전하면서 밸런스를 확인합시다. 캔버스 화면의 좌측 상단 메뉴에서 '동작' 아이콘을 탭하고 '캔버스 > 수평 뒤집기'를 활용하세요.

파츠별로 레이어를 분리한다

보이지 않는 부분을 상상하며 그리는 건 쉽지 않습니다. 그럴 땐 파츠별로 레이어를 나눠보세요. 가려진 부분까지 그릴 수 있어 전체적인 구도가 좋아집니다. 레이어를 구분하면 수정도 쉬워지니 레이어 사용을 습관화합시다[1].

---

1. 레이어별로 다른 색을 사용하면 어느 레이어에 그렸는지 확인하기 쉽습니다. - 옮긴이

Chapter 2 초간단 일러스트 작화법

2단계: 선 따기

다음은 러프의 선을 정리하면서 선화를 그릴 차례입니다. 선을 깔끔하게 따기 위해 세 가지 유념할 게 있는데요. 첫째는 굵은 선과 가는 선을 구분할 것, 둘째는 선이 끊기거나 삐져나오지 않게 할 것, 셋째는 만족스러운 선이 나올 때까지 그리고 취소하는 걸 끈기 있게 반복할 것 겁니다. 처음엔 다소 번거롭게 느껴지겠지만 어느 정도 숙달되면 자연스럽게 습관으로 자리 잡을 겁니다.

❶ 러프 레이어의 불투명도 낮추기

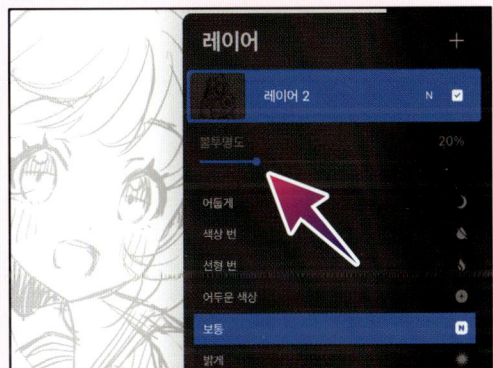

먼저 러프 레이어의 불투명도를 낮춰줍니다. 러프 레이어(레이어 2)의 'N' 부분을 탭 한 다음 불투명도를 20% 정도로 설정합니다[1]. 러프가 희미하게 보일 겁니다.

❷ 선화 레이어 추가하기

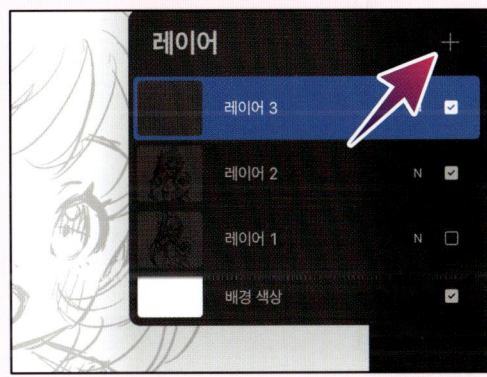

메뉴 우측에서 '레이어' 아이콘을 탭 한 다음 '레이어' 패널 우측 상단의 '+'를 탭 해서 선화 레이어를 추가합니다. 추가된 선화 레이어(레이어 3)을 선택한 후 '레이어' 패널 바깥쪽을 탭 해서 패널을 닫습니다.

❸ 브러시 크기 변경하기

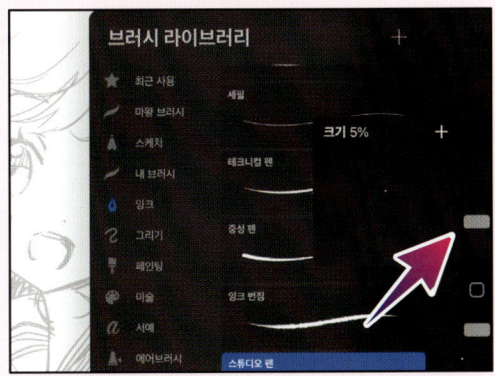

러프에 썼던 펜을 선화에도 사용합니다. '브러시 라이브러리 > 잉크'에서 '스튜디오 펜'을 선택합니다. 브러시 크기는 4~5% 정도 러프보다 가늘게 설정합니다. 스튜디오 펜은 선이 깔끔해서 입문자가 쓰기에 적합합니다.

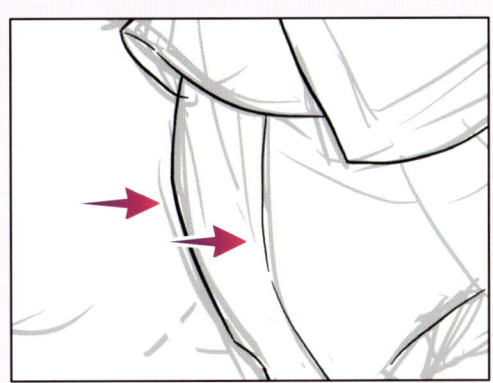

익숙해지면 필압으로 선 굵기를 조절할 수 있습니다. 필압 조절이 쉽지 않은 입문자라면 크기가 1~2% 정도 작은 브러시를 따로 만들어서 쓰는 것도 괜찮습니다. 같은 브러시를 굵기만 다르게 쓰다 보면 전체적인 통일감도 유지할 수 있습니다.

1. N은 normal(보통)을 의미합니다.- 옮긴이

④ 얼굴 윤곽 굵게 그리기

먼저 윤곽선부터 그립니다. 신체나 소품의 바깥쪽 선은 굵고 선명하게 그어 주어야 경계가 분명해지고 그림에 생동감을 줄 수 있습니다.

러프에서 그린 선 중에서 선화로 쓰기 좋은 것을 골라 선을 따 줍니다. 많은 선에서 필요한 선을 고르다 보면 선을 긋는 자신만의 요령이 생길 겁니다.

⑤ 얼굴 파츠 그리기

⑥ 색칠할 부분은 선을 따지 않기

 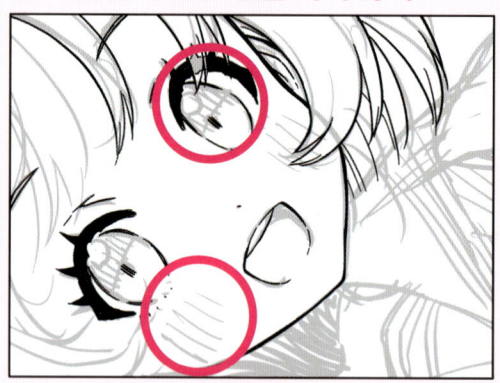

눈썹과 입, 코와 같은 파츠는 가는 선으로 그립니다. 굵은 선과 가는 선을 잘 조합하면 그림에 입체감이 생깁니다.

눈동자나 볼의 홍조 같은 부분은 러프 단계에서 선으로 그렸더라도 선화 단계에서 선을 따진 않습니다. 이 부분은 채색 단계나 마무리 단계에서 그릴 예정입니다.

⑦ 옷 윤곽 굵게 그리기

⑧ 옷 주름 가늘게 그리기

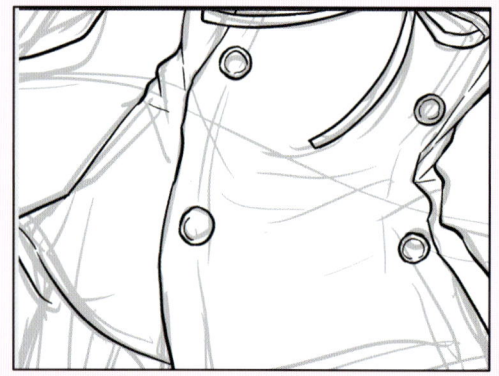 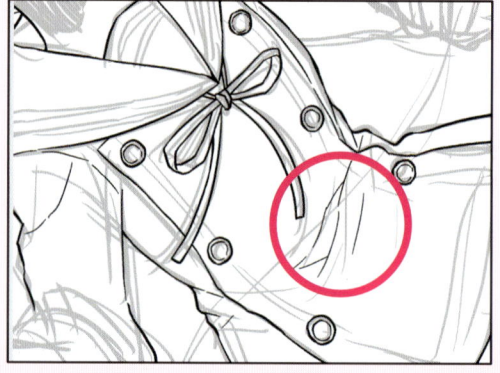

캐릭터의 의상에서 윤곽선 부분을 굵게 그려주세요. 바깥쪽 선은 물론, 옷감이 겹치거나 재봉되어 연결된 부분, 단추 같은 장식품도 굵게 그려주세요.

옷감의 주름이나 디자인 문양 안에 쓰인 선은 가늘게 선을 따서 정리합니다.

❾ 파츠를 의식하며 그리기

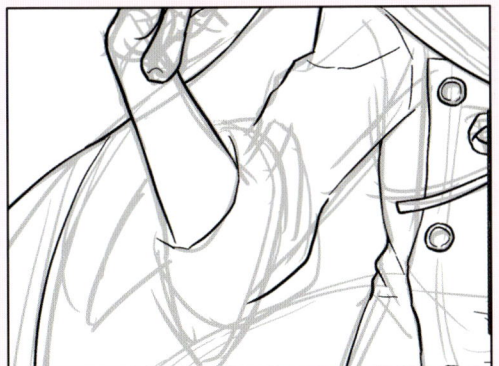

신체와 의상처럼 소재가 다르거나 파츠가 분리된 곳은 경계선을 굵게 그려 구분합니다. 파츠를 의식해서 그리다 보면 제법 그럴듯한 그림이 나올 겁니다.

❿ 겹치는 부분에 입체감 주기

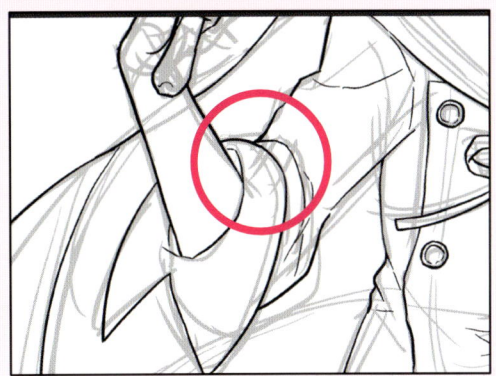

파츠의 바깥쪽을 굵게, 안쪽을 가늘게 그리면 파츠끼리 겹치는 곳에 입체감이 생깁니다. 덮고 덮이는 관계가 제대로 파악되면 선이 삐져나가지 않게 되어 깔끔하게 선화를 정리할 수 있습니다.

⓫ 머리카락 윤곽 굵게 그리기

머리카락 윤곽선은 굵게 그려서 머리 부분 파츠를 명확하게 표시합니다.

⓬ 머릿결 가늘게 그리기

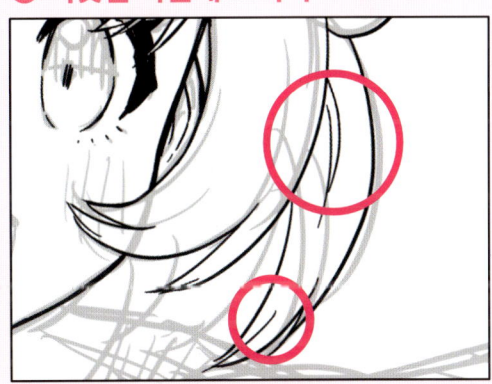

머릿결은 가늘게, 머리가 자라는 방향으로 흐르듯이 그려주세요. 굵은 선과 가는 선을 잘 조합하면 생동감이 살아나면서 제법 잘 그린 그림으로 보일 겁니다. 러프 레이어(레이어 2)를 숨기면 완성입니다.

선화 완성

> 다른 작품을 많이 참고하면서 붓 터치와 선의 강약을 따라 해 보세요.

Point
선화를 잘 그리는 요령

선화는 선의 강약이 중요합니다. '바깥쪽은 굵게, 안쪽은 가늘게' 그려주세요. 눈을 예로 든다면 속눈썹은 굵게, 눈동자는 가늘게 그리는 거죠. 얼굴이나 옷의 바깥쪽을 굵게, 안쪽을 가늘게 그리다 보면 그림에 생동감이 생기고 퀄리티도 높아 보입니다. 한 가지 더 덧붙이자면 '선이 겹쳐지는 부분에선 틈이 생기거나 삐져나오지 않게' 그리는 게 중요합니다.

속눈썹은 굵게 그린다

얼굴 중에서도 눈은 정말 중요합니다. 사람이 일러스트를 볼 때 가장 먼저 보는 곳이 눈이기 때문입니다. 특별히 의식하지 않더라도 본능적으로 시선이 가죠. 속눈썹(아이라인) 부분은 눈의 가장자리를 따라서 굵고 확실하게 그려주세요.

캔버스를 돌리면서 그린다

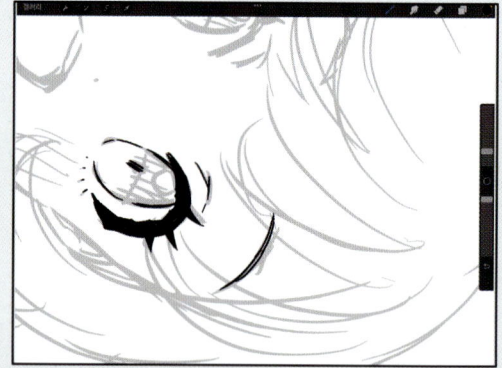

누구나 선긋기에 편한 방향이 있습니다. 손목과 손가락이 움직이기 편하게 캔버스를 돌리면서 그려보세요. 캔버스를 회전하며 그리는 걸 반복하다 보면 점점 더 좋은 선을 그릴 수 있게 되고 그림의 완성도도 높아질 겁니다.

눈동자는 가늘게 그린다

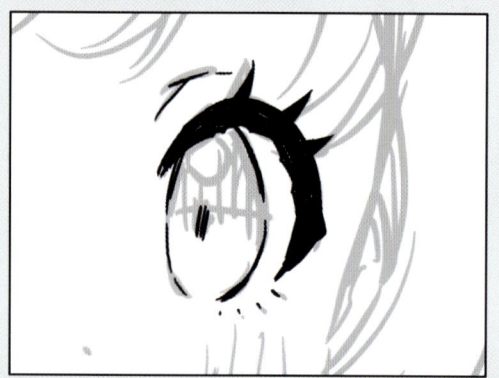

눈동자는 가는 선으로 섬세하게 그립니다. 눈동자는 채색도 해야 하고 하이라이트도 넣어야 하기 때문에 여기는 윤곽선만 그어도 충분합니다.

나쁜 예: 대충 그린 경우

속눈썹(아이라인)은 덧칠하는 느낌으로 대충 그리면 곤란합니다. 눈의 윤곽을 따라 정성스럽게 선을 그어주세요.

나쁜 예: 선 굵기가 모두 같은 경우

선화를 잘 그리는 요령은 굵기에 강약을 주는 겁니다. 윤곽선처럼 신체나 옷의 바깥 경계선은 굵게, 얼굴이나 머릿결, 의상의 문양 등은 가늘게 그어 줍니다.

나쁜 예: 선이 삐져나온 경우

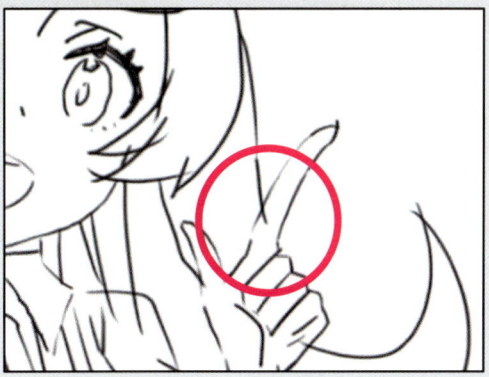

선이 교차하며 삐져나오는 건 좋진 않습니다. 튀어나온 부분은 깔끔하게 정리해서 무엇이 앞에 있고 무엇이 뒤에 있는지 명확하게 합시다. 덮고 덮이는 디테일한 부분까지 정리되면 일러스트의 입체감이 더 살아납니다.

나쁜 예: 선에 틈이 있는 경우

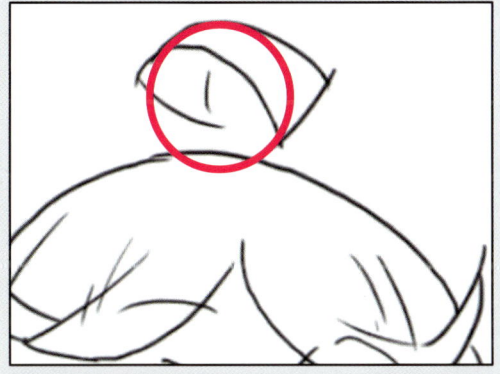

긋다가 만 것 같은 끊어진 선은 일러스트의 완성도를 떨어뜨립니다. 연결해야 할 곳을 이어 주기만 해도 그림의 입체감이 되살아납니다. 일단 선을 교차시킨 다음에 삐져나온 부분을 지워주세요.

이런 포인트만 신경 써줘도 선화의 퀄리티는 올라갑니다.

Chapter 2 초간단 일러스트 작화법

3단계: 색칠하기

선을 깔끔하게 정리했다면 채색은 그리 어렵지 않습니다. 단 레이어의 기능을 제대로 이해하고 활용할 수 있어야겠죠. 레이어 간의 관계와 각종 설정을 미리 알아 둔다면 보다 멋지게, 더 효율적으로 채색을 할 수 있습니다. 여기서는 색칠할 범위를 정하고 알파 채널을 잠그는 방법에 대해 알아보겠습니다.

❶ 선택 도구 정하기

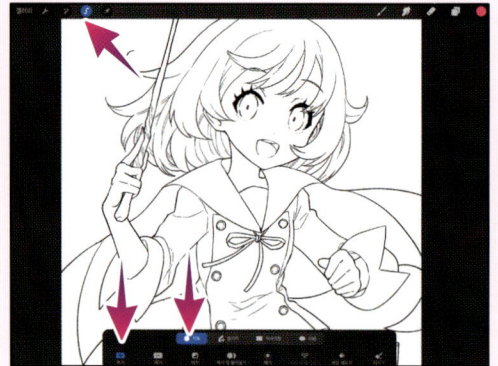

먼저 색칠할 범위를 정할 수 있게 도구부터 고릅니다. 선화 레이어(레이어 3)를 선택한 상태에서 좌측 상단 메뉴의 '선택' 아이콘을 탭 합니다. 하단 패널에 선택 도구에서 '자동'과 '추가'를 탭 합니다.

❷ 색칠하지 않을 범위 정하기

색칠하지 않을 범위를 하나씩 탭 합니다. 선택 영역이 파랗게 표시되면 화면을 좌우로 슬라이드 하면서 선택 한계값을 조절합니다. 선택 범위가 다른 영역을 침범하지 않게 조정하되 선화까지 바짝 붙여 주어야 색을 깔끔하게 칠할 수 있습니다.

❸ 선택 영역 반전하기

칠하지 않을 범위가 선택되었다면 하단 패널의 선택 도구에서 '반전'을 탭 합니다. 영역이 반전되면서 캐릭터의 채색 부분이 선택됩니다.

❹ 고유색 레이어 추가하기

채색 범위가 선택되었다면 화면 상단의 '레이어' 아이콘을 탭 합시다. 그러면 캔버스의 선택되지 않은 영역이 회색 줄무늬로 보일 겁니다. 이 상태에서 고유색 레이어(레이어 4)를 추가합니다[1].

---

1. 이 예제에서는 밑색 레이어와 고유색 레이어를 구분하지 않고 고유색 레이어에 밑색을 먼저 칠하고 그 위에 고유색을 얹었습니다. - 옮긴이

❺ 고유색 레이어 옮기기

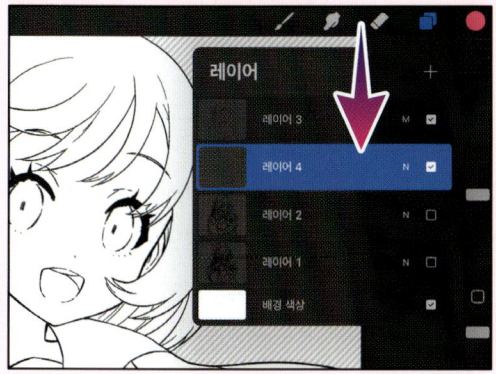

고유색 레이어(레이어 4)를 드래그해서 선화 레이어(레이어 3) 아래로 옮깁니다. 이렇게 해둬야 선 위로 색칠하는 실수를 막을 있습니다.

❻ 채색 범위에 밑색 채우기

메뉴 우측 상단의 '색상' 아이콘을 탭 하고 눈에 잘 띄는 색을 고릅니다. '색상' 아이콘을 드래그해서 선택 영역 안에 드롭하면 한 번에 색이 채워집니다. 이 방법을 '컬러 드롭(color drop)'이라고 합니다.

선택 영역에 밑색이 채워지면 메뉴 좌측 상단의 '선택' 아이콘을 탭 해서 선택 영역을 해제합니다. 선화 레이어(레이어 3)의 체크를 해제하고 색칠할 부분이 누락되지 않았는지 확인합니다.[1]

❼ 알파 채널 잠그기

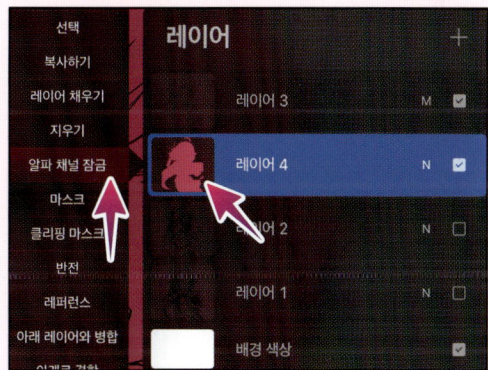

고유색 레이어(레이어 4)의 썸네일을 탭 하면 좌측에 옵션 메뉴가 나옵니다. 여기서 '알파 채널 잠금(alpha lock)'을 선택하면 색칠하지 않은 부분이 회색체크 무늬로 표시됩니다.[2]

알파 채널을 잠그면 밑색 범위에만 채색할 수 있게 영역을 제한할 수 있습니다.

---

1. 밑색을 칠하는 이유는 채색 범위가 누락되지 않았는지 확인하기 위해서입니다. 눈에 잘 띈다면 무슨 색을 써도 상관없습니다. - 옮긴이
2. 색상 정보를 가진 기본적인 채널 외의 선택 영역 정보를 다루는 채널을 알파 채널이라고 합니다. - 옮긴이

❽ 파츠별로 고유색 칠하기

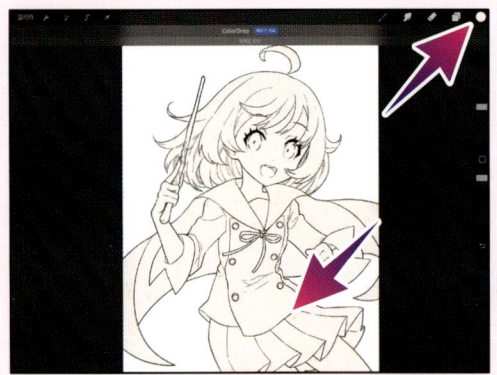

밑색 위에 고유색을 올려 파츠별로 채색을 할 차례입니다. 우선 분홍색으로 채워진 밑색을 피부의 고유색으로 바꿔줍시다. 우측 상단 '색상' 아이콘에서 피부색을 고른 다음 고유색 레이어(레이어 4)에 컬러 드롭합니다.

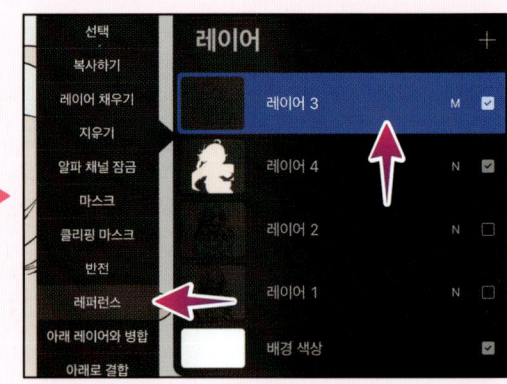

선화 레이어(레이어 3)의 썸네일을 탭 합니다. 표시된 옵션 메뉴에서 '레퍼런스'를 선택합니다. 레퍼런스는 색을 칠할 때 경계선 역할을 합니다. 어린이용 색칠 공부의 테두리 선과 비슷합니다.

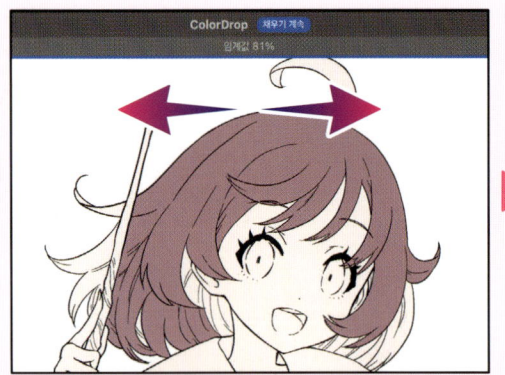

다시 고유색 레이어(레이어 4)를 선택합니다. 머리 색깔을 고른 다음 머리카락 부분에 컬러 드롭합니다. 애플펜슬(손가락)을 떼지 않은 상태에서 화면을 좌우로 드래그하면 임계값을 조절할 수 있습니다.[1]

임계치 조절로 채색되지 않는 부분은 따로 컬러 드롭합니다. 앞에서 채색 범위를 정할 때처럼 머리카락 밖으로 색이 넘치지 않을 때까지 임계값을 조절합니다. 그러면 디테일한 부분까지 색이 스며듭니다.

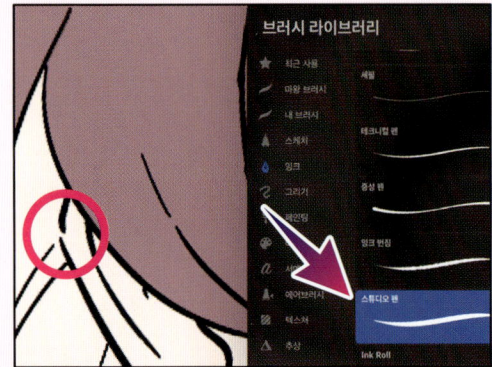

선화에 틈이 있어 색이 자꾸 넘치거나 의도대로 채색되지 않는 경우엔 브러시로 깔끔하게 정리합시다. 이때는 경계가 깔끔한 브러시가 좋은데요. 선화에 사용했던 '스튜디오 펜' 정도면 무난합니다.

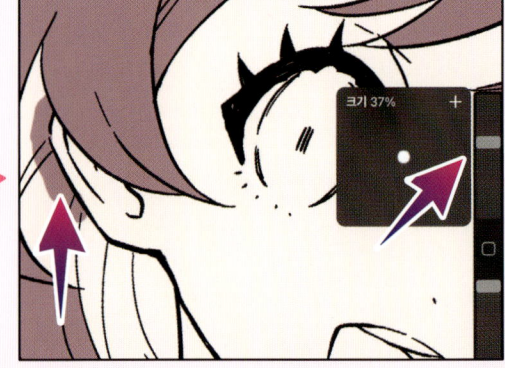

선화 레이어(레이어 3)에 브러시로 선화의 틈을 막고 컬러 드롭하거나 고유색 레이어(레이어 4)를 브러시로 직접 채색합니다. 브러시 크기는 상황에 맞게 조절합니다.

---

1. 머리카락 부분이 아니라 캐릭터 전체가 칠해진다면 선화 레이어(레이어 3)에 '레퍼런스'를 설정하지 않았기 때문입니다. 색상 아이콘을 오가면서 같은 색을 컬러 드롭하는 게 번거롭다면 화면 상단의 파란 버튼 '채우기 계속'을 탭 하세요. 이후는 영역만 탭 해도 채색됩니다. - 옮긴이

❾ 넘친 부분 수정하기

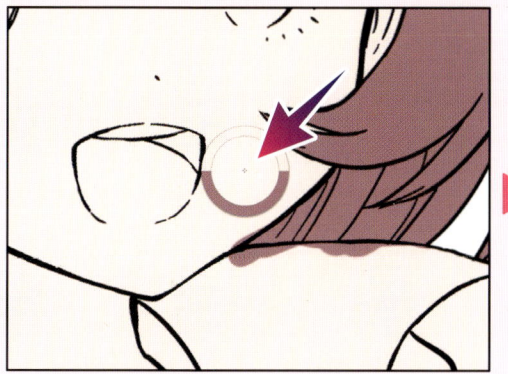
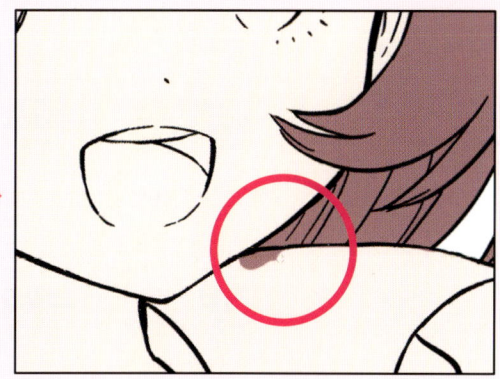

색이 넘쳤다면 수정합니다. 썼던 색을 다시 쓰고 싶다면 그 색이 칠해진 부분을 손 끝으로 길게 눌러보세요. 스포이드툴이 실행되면서 현재 색상이 선택됩니다[1].

원하는 색을 골랐다면 브러시로 넘친 곳을 수정합니다. 이어서 다른 부분도 같은 방법으로 채색합니다.

❿ 넓은 범위는 작게 여러 번 추가하기

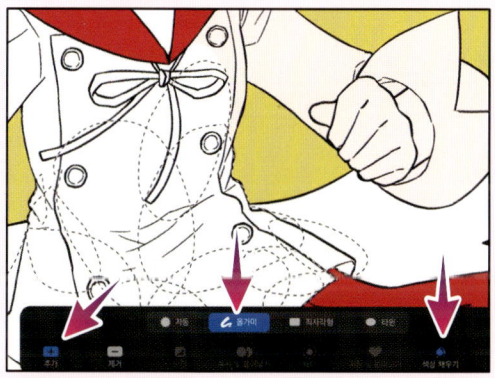

메뉴에서 '선택'을 탭 하고 하단 패널에서 '올가미', '추가', '색상 채우기'를 선택합니다. 채색할 곳을 올가미로 감싸고 회색 동그라미를 탭 하면 감싼 영역이 현재 색상으로 채워집니다. 넓은 범위를 색칠할 때 유용합니다.

⓫ 경계선 없이 색칠하기

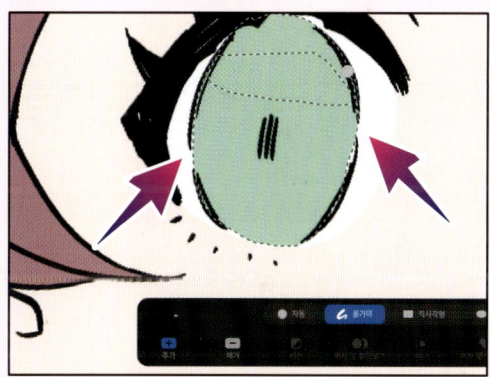

이 방법을 사용하면 선화에서 선이 없거나 연결이 끊어진 부분에서도 색이 넘치지 않게 칠할 수 있습니다.

⓬ 무늬 그리기

세일러복의 옷깃 무늬는 '스튜디오 펜'으로 그려 줍니다. 일정한 폭으로 선을 그려주면 깔끔하게 마무리할 수 있습니다.

⓭ 기본적인 채색 완료

모든 파츠에 고유색이 칠해지면 기본적인 채색은 끝이 납니다. 다음은 음영과 그러데이션을 넣으면서 조금 더 완성도를 높여봅시다.

---

1. '동작 > 설정 > 제스처 제어 > 스포이드툴'에 '터치 후 유지'가 기본 설정되어 있습니다. 스포이드툴의 아래쪽 반원에는 이전 색상이, 윗쪽 반원에는 현재 색상이 표시됩니다. - 옮긴이

Point
색을 잘 고르는 요령

색을 잘 고르는 감각은 타고난 재능이라 생각하기 쉽지만 꼭 그런 것만은 아닙니다. 색에 대한 올바른 이해만 있으면 누구라도 어울리게 매칭할 수 있죠. 우리가 흔히 말하는 색깔에는 '색상(hue)', '명도(brightness)', '채도(saturation)'의 3 요소가 있는데요. 디스크 모양의 색상 패널에서는 바깥쪽 원으로 색상을, 안쪽 원으로 명도와 채도를 설정합니다. '명도와 채도를 제압하는 자, 색을 제압한다.' 꼭 기억하세요.

명도와 채도 이해하기

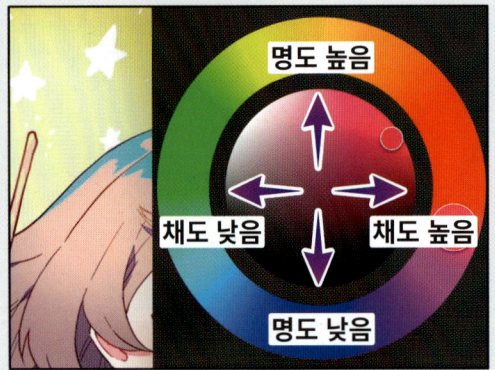

명도는 색의 밝은 정도를 의미하는데 높을수록 밝게 보이고 낮을수록 어둡게 보입니다. 채도는 색의 맑은 정도를 의미하는데 낮을수록 탁하고 높을수록 선명하게 보입니다.

색상은 명도와 채도가 가까운 범위에서

색을 잘 쓰는 요령은 사용한 색상들의 명도와 채도가 지나치게 흩어지지 않게 하는 겁니다[1]. 명도와 채도가 비슷한 범위 안에 모여 있으면 무난한 편인데요. 같은 명도에서 채도만 바꾸거나, 같은 채도에서 명도만 바꾸는 것도 좋은 방법입니다.

명도, 채도의 분포 범위가 넓으면 X

나쁜 예를 살펴봅시다. 사용된 색들을 스포이드툴로 하나씩 찍어 보면 명도와 채도가 흩어져 있습니다. 튀는 느낌은 이것 때문인데요. 가장 동떨어진 색상의 명도와 채도를 다른 색의 평균 정도로만 맞춰도 전체적인 느낌은 나아집니다.

명도, 채도의 분포 범위가 좁으면 O

좋은 예를 살펴봅시다. 사용된 색들을 스포이드툴로 하나씩 찍어보면 명도와 채도가 비슷한 위치에 있습니다. 색을 고를 때는 다른 색의 명도와 채도를 살펴보고 가까운 범위에서 선택합시다. 보다 자연스러운 느낌으로 조합할 수 있을 겁니다.

1. 주요 파츠들을 스포이드툴로 찍었을 때 색상 패널(디스크)의 명도, 채도들이 색상 디스크의 비슷한 범위에 모여있으면 자연스럽게 보이고, 여기저기 흩어져 있으면 부자연스럽고 튀어 보입니다. 이 부분은 글로만 봐서는 이해하기 힘들 수 있습니다. QR 코드로 동영상 설명도 함께 살펴보는 것을 권장합니다. - 옮긴이

Chapter 2 초간단 일러스트 작화법
4단계: 음영 넣기

앞의 채색 방식은 색칠공부와 비슷한데요. 여기에 입체감을 더해주면 밋밋했던 그림에 활력이 생깁니다. 음영 레이어를 추가하고 블렌드 모드(레이어의 색을 어떻게 조합할지 결정하는 속성)를 '곱하기'로 설정하면 자연스러운 음영을 쉽게 넣을 수 있습니다. 애니메이션 스타일로 채색할 때는 음영을 대담하게 주는 것이 보기에도 좋습니다.

❶ 음영 레이어 추가하기

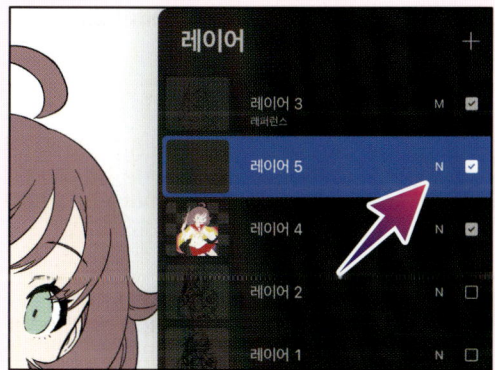

고유색 레이어(레이어 4) 위에 음영 레이어(레이어 5)를 추가합니다. 블렌드 모드를 바꾸기 위해 음영 레이어(레이어 5)의 'N' 부분을 탭 합니다.

❷ 블렌드 모드 설정하기

'불투명도' 아래로 다양한 블렌드 모드(p. 076)가 펼쳐집니다. 여기서 '곱하기'를 선택하면 'N'으로 보이던 게 'M'으로 바뀝니다[1].

곱하기 속성

'곱하기' 속성은 아래쪽 레이어의 색에 위쪽 레이어의 색을 얹으면서 어둡게 표현하고 싶을 때 사용합니다. 수채 물감이나 마커로 채색하다 보면 덧칠한 부분이 진해지는데 그런 효과를 이용해서 음영을 만드는 거죠.

참고로 블렌드 모드의 기본 설정은 '보통' N입니다. 아래쪽 레이어의 색 위에 위쪽 레이어의 색을 덮고 싶을 때 '보통' N 속성을 사용합니다.

---

1. M은 multiplication(곱하기)을 의미합니다. - 옮긴이

❸ 클리핑 마스크 설정하기

이 상태로 색칠하면 캐릭터 바깥까지 채색될 수 있습니다. 나중에 지우려면 힘들 수 있으니 음영 레이어(레이어 5)의 썸네일을 탭 한 다음 '클리핑 마스크'를 설정합니다. 썸네일 왼쪽에 아래로 향하는 화살표가 생깁니다.

'클리핑 마스크'를 적용하면 아래 레이어의 채색 범위만큼 윗 레이어의 내용이 보입니다. 실제로 음영 레이어(레이어 5)에서 그림을 그렸을 때 고유색 레이어(레이어 4)의 빈 공간 부분에는 그렸던 내용이 안 보이는 걸 확인할 수 있습니다.

❹ 음영 넣기

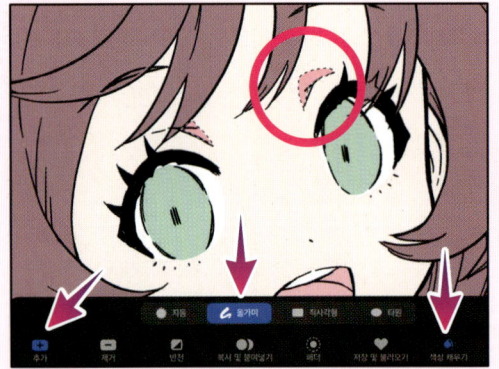
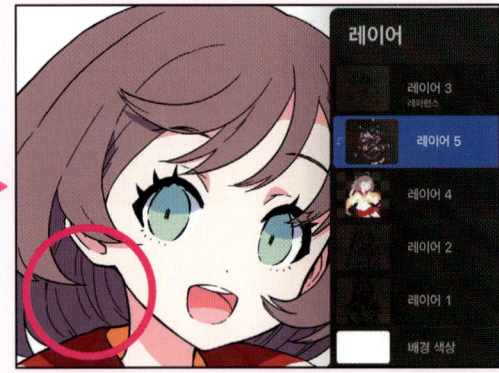

음영색을 고른 다음 메뉴 좌측 상단의 '선택' 아이콘을 탭 합니다. 아래의 도구에서 '올가미', '추가', '색상 채우기'를 선택합니다. 음영을 넣을 곳을 올가미로 감싸주면 지정했던 음영색이 채워집니다.

빛의 방향을 의식하면서 빛이 덜 닿는 부분에 음영을 넣습니다.

❺ 음영은 대담하게

애니메이션 스타일은 음영을 대담하게 넣어야 보기에도 좋습니다. 음영만 넣었을 뿐인데 제법 그럴듯한 그림이 되었습니다.

뒤쪽 머리카락에는 그림자가 크게 들어간다는 걸 유념해 두세요!

Point
빛과 그림자를 잘 다루는 요령

막상 음영을 넣으려 해도 어떻게 해야 할지 난감할 수 있습니다. 먼저 빛과 그림자를 이해한 다음 음영을 적용해 봅시다. 태양이나 조명 같은 광원이 있을 때 광원의 반대쪽엔 그늘인 음(陰, shade)이, 그보다 어두운 곳엔 그림자인 영(影, shadow)이 생깁니다. 그리고 빛이 직접 닿는 곳엔 하이라이트가 생기죠. 이렇게 음과 영, 하이라이트의 요소를 다양하게 조합하고 시행착오하다 보면 빛과 그림자를 더 잘 다룰 수 있게 될 겁니다.

음영과 하이라이트

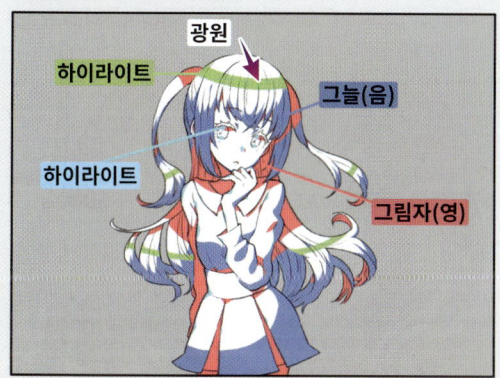

음영과 하이라이트를 넣을 때는 광원의 위치부터 정해줍시다. 어디가 그늘지고, 어디에 그림자가 생기는지, 하이라이트는 어디에 넣을지를 결정합니다. 여기서 흔들리면 아무 데나 그림자가 생기는 이상한 그림이 될 수 있습니다.

그림자만 넣어도 그럴듯해 보인다

광원의 반대편에 음(그늘)을, 그중에서도 특히 어두운 곳에 영(그림자)을. 빛이 직접 닿는 곳에 하이라이트를 넣습니다. 그림자만 넣어도 깔끔해지니 원하는 느낌에 맞춰 다양하게 시도해 보세요.

경계를 흐리면 부드러워진다

그늘의 가장자리를 흐리게 하면 조금 더 부드러운 느낌을 줄 수 있습니다. 빛도 같은 방법으로 연출할 수 있습니다.

그늘에 그러데이션을 넣는다

그늘에 그러데이션을 넣고 블렌드 모드를 '곱하기'로 하면 한층 더 부드러운 느낌을 줄 수 있습니다. 하이라이트만으로도 발랄한 느낌을 줄 수 있으니 이것저것 조합하면서 다양한 느낌을 시험해 보세요.

Chapter 2 초간단 일러스트 작화법

5단계: 그러데이션 넣기

고유색만으로는 그림이 단조롭고 밋밋해 보입니다. 그럴 땐 에어브러시(소프트 브러시)를 사용해서 일러스트 곳곳에 그러데이션을 넣어보세요. 채색한 부분은 물론 검은색 선화 위로 색을 입혀 주면(컬러 트레이스) 부드럽고 포근하게 연출할 수 있습니다.

❶ 그러데이션 레이어 추가하기

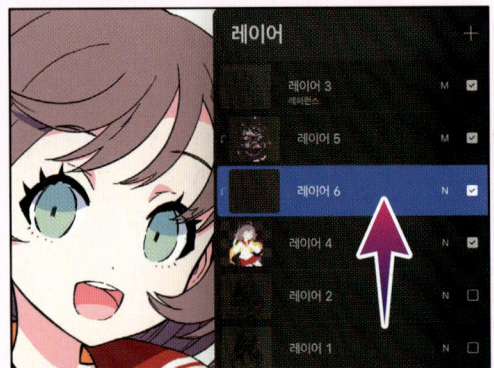

고유색 레이어(레이어 4) 위로 그러데이션 레이어(레이어 6)를 추가합니다. 클리핑 마스크가 적용된 상태에서 새 레이어를 추가하면 자동으로 클리핑 마스크가 적용됩니다. 결과적으로 고유색 범위 위로만 그러데이션이 들어갑니다.

❷ 고유색 레이어를 레퍼런스 하기

고유색 레이어(레이어 4)의 썸네일을 탭 합니다. 옵션 메뉴에서 '레퍼런스'를 선택합니다. 이렇게 하면 선택 영역을 추가할 때 고유색의 채색 범위를 참고하게 됩니다. 설정이 끝났다면 그러데이션 레이어(레이어 6)를 탭 합니다.

❸ 머리카락에 그러데이션 넣기

메뉴 좌측 상단의 '선택' 아이콘을 탭 하고 아래의 선택 도구에서 '자동', '추가'를 선택합니다. 이때 '색상 채우기'는 해제합니다. 선택된 도구는 파랗게 보입니다. 이 상태에서 머리카락 부분을 탭 하면서 선택 영역을 추가합니다.[1]

❹ 소프트 브러시 선택하기

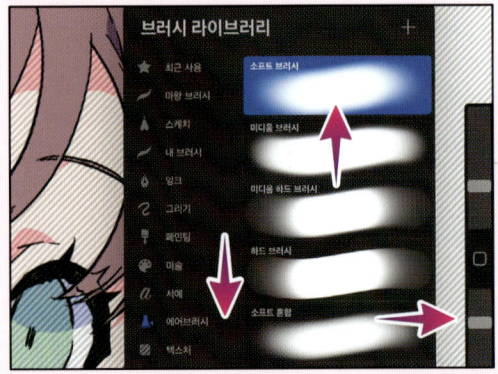

메뉴 우측 상단의 '브러시' 아이콘을 탭 하고 '브러시 라이브러리 > 에어브러시 > 소프트 브러시'를 고릅니다. '색상' 패널에서 어두운 색을 고른 후 사이드바 아래의 불투명도를 75%로 설정합니다. 필압으로 그러데이션을 넣습니다.

---

1. '자동'으로 탭 하면서 추가하기 어렵다면 '올가미'를 선택하고 추가해도 됩니다. 앞에서 밑색과 고유색을 칠할 때는 '색상 채우기'로 영역을 정하면서 한 번에 칠했지만 그러데이션을 넣을 때는 일부분만 채색할 거라 '색상 채우기'는 끄고 선택 영역만 지정합니다. - 옮긴이

약하게 쓸어주면 완만한 변화를, 강하게 쓸어주면 급격한 변화를 줄 수 있습니다[1]. 머리카락에 그러데이션을 넣는 게 마무리되면 메뉴 좌측 상단의 '선택' 아이콘을 탭 해서 선택 영역을 해제합니다.

❺ 눈동자에 그러데이션 넣기

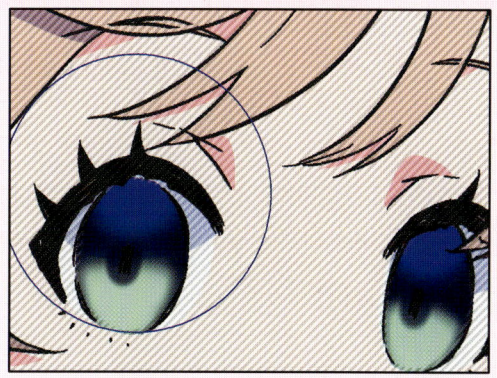

눈동자용 그러데이션 레이어(레이어 7)를 추가하고 클리핑 마스크를 적용합니다. 선택 영역에 눈동자를 추가하고 조금 더 어두운 색을 선택합니다. 소프트 브러시로 그러데이션을 넣고 채색이 완료되면 선택 영역을 해제합니다.

❻ 볼에 홍조 넣기

홍조용 그러데이션 레이어(레이어 8)를 추가합니다. 레이어 오른쪽의 'N'을 탭 하고 블렌드 모드를 '곱하기' M으로 설정합니다. 피부를 선택 영역으로 추가하고 조금 더 붉은색으로 홍조를 칠합니다. 채색이 완료되면 선택 영역을 해제합니다.

❼ 선화에 색 입히기

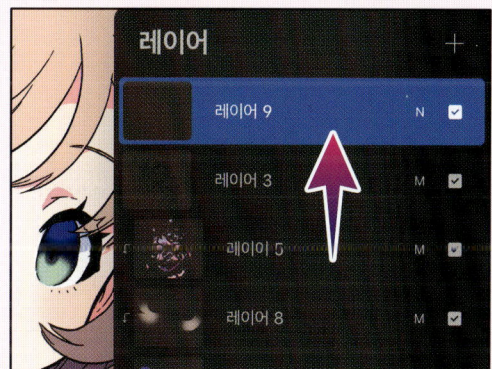

이번엔 선화 레이어(레이어 3) 위에 선화용 그러데이션 레이어(레이어 9)를 추가합니다.

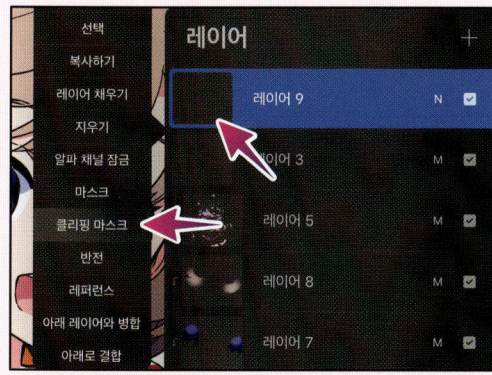

선화용 그러데이션 레이어(레이어 9)를 선택하고 썸네일을 탭 합니다. 옵션 메뉴에서 '클리핑 마스크'를 설정합니다.

소프트 브러시로 그러데이션을 넣습니다. 이렇게 선화 위에 색을 입히는 걸 '컬러 트레이스(color trace)'라고 합니다.

1. 원하지 않는 곳까지 채색이 된다면 선택 영역 추가가 잘 못된 경우입니다. 선택 영역을 추가할 땐 선택된 부분이 반전되고 추가가 끝나면 선택 영역은 맑게, 선택되지 않은 영역은 흐리게(사선이 채워짐) 표시되어 최종적인 선택 영역을 확인할 수 있습니다. - 옮긴이

❽ 브랜드 모드를 곱하기로 설정하기

레이어
레이어 9
N
레이어 3
M
곱하기

보통(N)

곱하기(M)

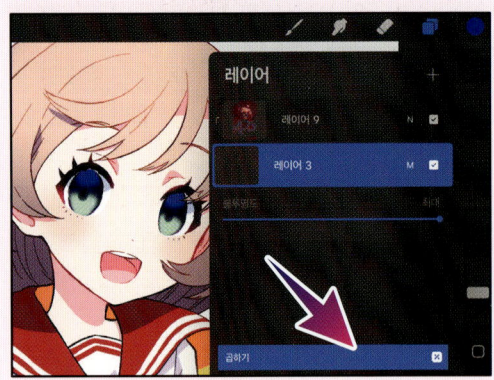

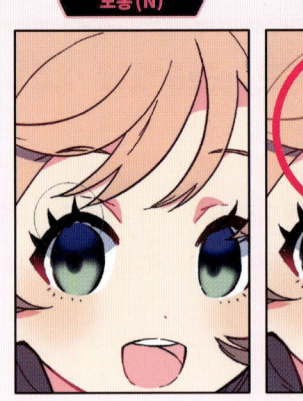

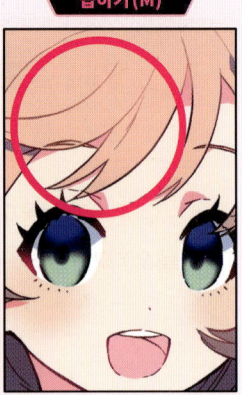

선화 레이어(레이어 3)의 블렌드 모드를 '보통' N에서 '곱하기' M으로 바꿔 줍니다. 선과 색칠한 부분이 자연스럽게 어우러지면서 차분하고 안정된 느낌을 줄 수 있습니다.

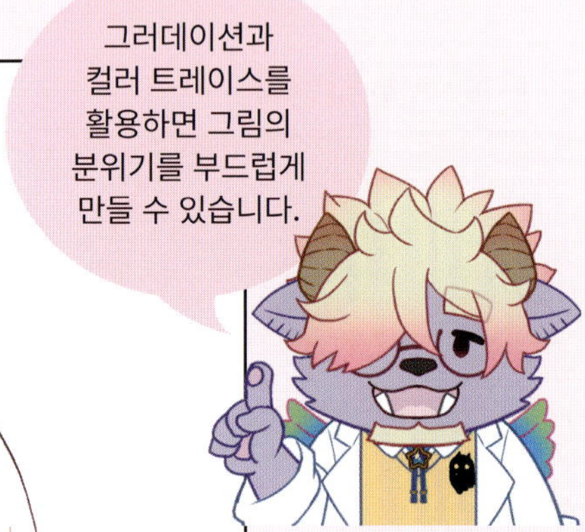

그러데이션과
컬러 트레이스를
활용하면 그림의
분위기를 부드럽게
만들 수 있습니다.

컬러 트레이스한 선화

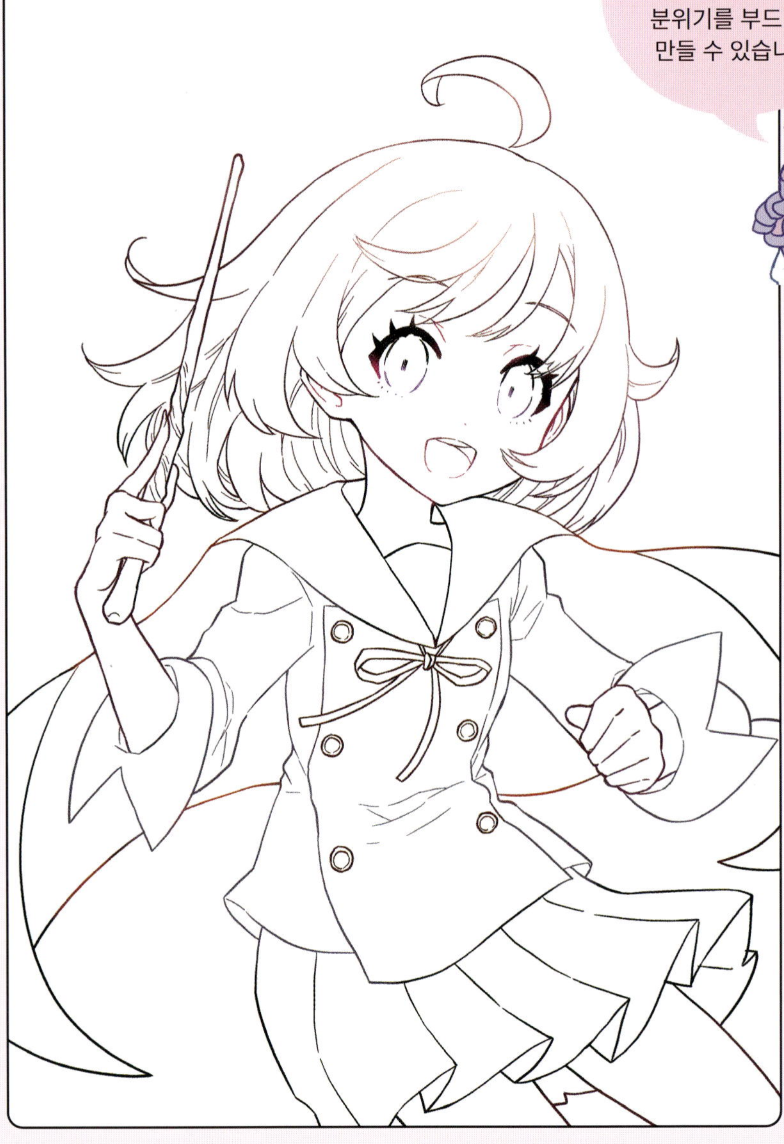

Point
느낌을 쉽게 바꾸는 요령

선화는 검은색이 보통이라 뚜렷하고 선명한 느낌을 줍니다. 조금 더 부드러운 느낌을 주고 싶을 땐 선화에 색을 입히기도 하는 데 이런 기법을 '컬러 트레이스(color trace)'라고 합니다. 선화에 직접 색칠해도 되겠지만 레이어를 별도로 추가한 다음에 블렌드 모드를 '곱하기'로 설정해서 칠하는 게 다루기도 좋습니다. 나중에 수정하고 싶을 때 더 쉽게 보완할 수 있거든요.

선화에 색을 입힌다

바깥쪽 윤곽선엔 짙은 색을, 안쪽 파츠에는 밝은 색을 씁니다. 그늘엔 어두운 색을, 하이라이트엔 밝은 색을 쓰면 한결 더 자연스러운 느낌을 줄 수 있습니다.

금발을 금발답게 만든다

컬러 트레이스를 적용하면 검은색 선화를 쓸 때보다 밝은 인상을 줄 수 있습니다. 캐릭터가 금발이면 더 금발답게 연출할 수 있죠. 피부 쪽 선화에 따뜻한 색을 올리면 혈색이 좋아져서 분위기가 밝아집니다.

발랄한 느낌을 준다

컬러 트레이스를 할 때는 비슷한 색상을 쓰는 게 보통인데요. 발랄한 느낌을 주기 위해 일부러 튀는 색을 쓰기도 합니다. 캐릭터의 개성에 맞게 다양한 방법으로 연출해 보세요.

어두운 색에도 쓸 수 있다

어두운 색을 쓸 때는 컬러 트레스를 하지 않는 게 일반적입니다. 반면 하이라이트가 들어가는 윤곽선에는 확실하게 색을 얹어야 보기에도 좋습니다.

Chapter 2 초간단 일러스트 작화법
6단계 : 하이라이트 넣기

앞에서 음영을 넣은 것과 반대로 빛이 닿는 곳에는 하이라이트를 넣습니다. 머리카락과 눈동자, 의상 등 빛의 각도를 생각하면서 하이라이트를 추가하세요. 하이라이트 레이어는 블렌드 모드를 '보통' N으로 설정합니다.

❶ 하이라이트 레이어 추가하기

선화 레이어(레이어 3)보다 아래, 음영 레이어(레이어 5)보다 위에 하이라이트 레이어(레이어 10)를 추가합니다.

❷ 클리핑 마스크 설정하기

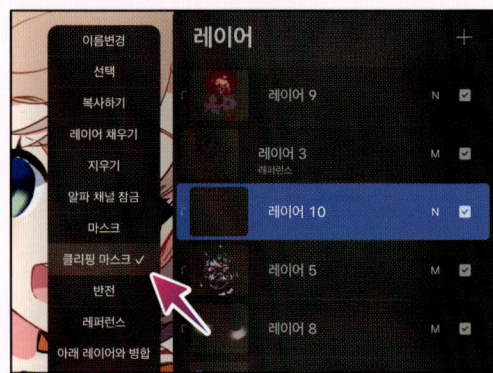

하이라이트 레이어의 썸네일을 탭 합니다. 옵션 메뉴에서 '클리핑 마스크'를 선택하면 썸네일 왼쪽에 아래로 향하는 화살표가 생깁니다. 블렌드 모드는 '곱하기' M이 아니라 '보통' N으로 설정합니다.

❸ 파츠에 하이라이트 추가하기

각 파츠의 가장 밝은 부분에 하이라이트를 넣습니다. 밝은 색상을 선택한 다음 브러시로 그리거나 메뉴 좌측 상단의 '선택' 아이콘을 탭 하고 하단의 도구에서 '올가미', '추가', '색상 채우기' 기능으로 색을 채워 보세요.

❹ 눈동자에 하이라이트 추가하기

눈동자의 하이라이트는 선화 위에 그립니다. 하이라이트 레이어(레이어 11)를 최상단에 만든 다음 스튜디오 펜을 선택합니다. 분홍색과 초록색으로 큰 하이라이트를 먼저 그린 후 그 위에 흰색으로 작은 하이라이트를 그려 줍니다.

Chapter 2 초간단 일러스트 작화법

7단계: 배경 그리기

배경이 없으면 심심한 느낌이 들 수 있습니다. 빈 배경에 약간의 효과를 넣어서 배경을 예쁘게 꾸며 봅시다. 이 예제에서는 소녀가 마법을 부리는 깃 같은 효과를 줄 거예요.

① 배경 레이어 추가하기

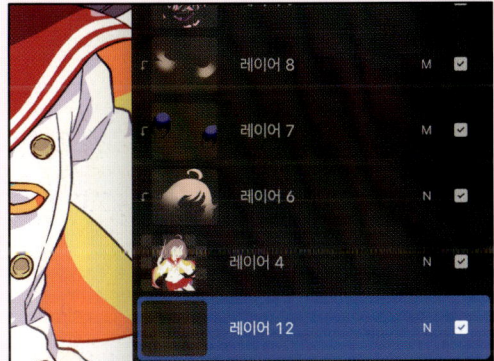

캐릭터가 완성되었으니 배경을 그립시다. 고유색 레이어(레이어 4) 아래에 배경 레이어(레이어 12)를 추가하세요.

② 소프트 브러시 선택하기

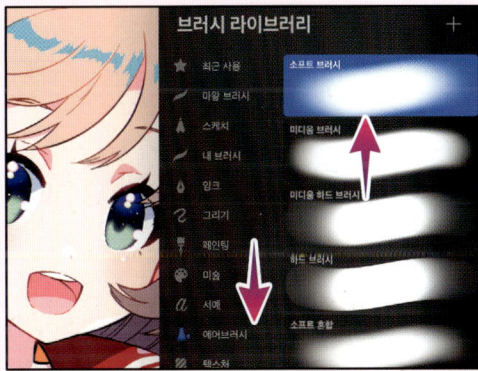

메뉴 우측 상단의 '브러시' 아이콘을 탭 한 다음 '브러시 라이브러리 > 에어브러시 > 소프트 브러시'를 선택합니다.

③ 배경 그리기

여러 가지 색으로 그러데이션을 넣으면서 마법 같은 분위기를 만들어 줍니다.

④ 효과 레이어 추가하기

배경 레이어(레이어 12) 위로 효과 레이어(레이어 13)를 추가합니다. '스튜디오 펜'으로 별을 그립니다.[1]

---

1. 각종 효과를 직접 그리는 게 번거롭다면 프로크리에이트에 내장된 브러시를 써 보세요. 기본으로 제공되는 브러시 외에도 인터넷에 공개된 유료, 무료 브러시가 많이 있으니 이것저것 써 보면서 시험해 보세요. - 옮긴이

Chapter 2 초간단 일러스트 작화법
8단계 : 마무리하기

드디어 마무리를 할 차례입니다. 어떻게 마무리할지는 그리는 사람의 취향이겠지만 여기서는 제가 즐겨 쓰는 방법을 소개합니다. 다 끝나간다고 방심하지 말고 꼼꼼하게 레이어를 추가하며 보완합시다. 저는 속눈썹 아래에 분홍색 라인을 넣고 음영 가장자리에 짙은색 라인을 그리는 걸 좋아합니다. 그렇게 하면 캐릭터가 조금 더 발랄하게 보이거든요.

❶ 보완하기

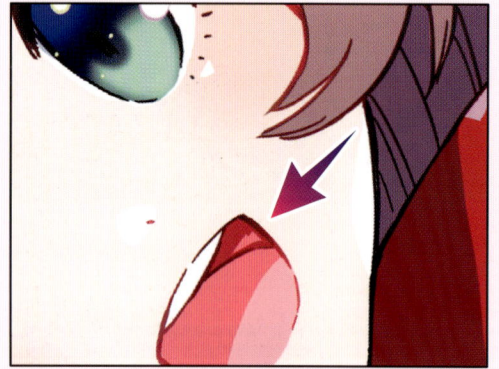

선화 레이어(레이어 3) 아래에 보완 레이어(레이어 14)를 추가합니다. 실수한 부분이 있는지 꼼꼼하게 살펴보고 이 레이어에서 보완합니다. 이 과정은 매번 해야 하는 건 아니기 때문에 이미 잘 그렸다면 생략해도 됩니다.

❷ 볼 터치 추가하기

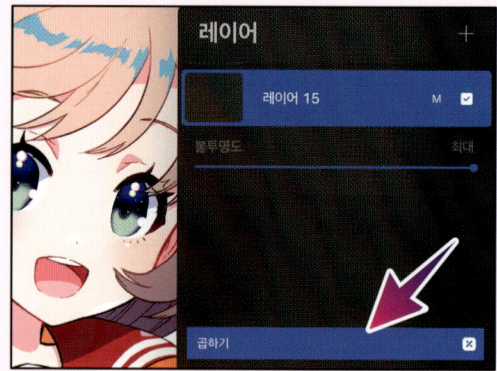

볼 터치 레이어(레이어 15)를 추가하고 블렌드 모드를 '곱하기' M으로 설정합니다.

볼 터치를 넣습니다.

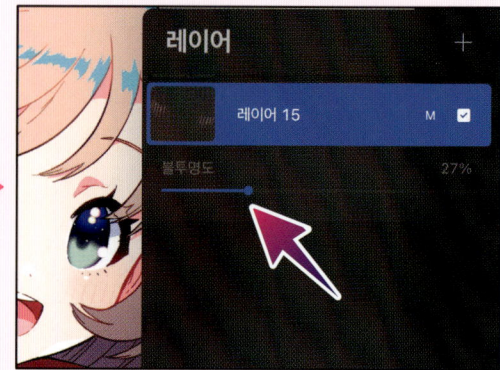

레이어의 불투명도를 조절해서 살짝 비치는 정도로 만듭니다. 이번 예제에서는 불투명도를 27%로 설정했습니다.

메뉴 우측 상단의 '지우개' 아이콘을 탭 합니다. 지우개로 쓸 브러시로 '브러시 라이브러리 > 에어브러시' > '소프트 브러시'를 선택한 다음 볼 터치를 깎는 느낌으로 자연스럽게 만들어 줍니다.

> 마무리에 정성을 들일수록 멋진 그림이 완성됩니다.

❸ 속눈썹 아래에 분홍색 라인 넣기

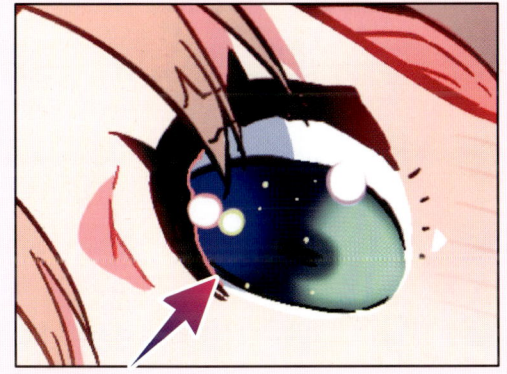

눈동자용 하이라이트 레이어(레이어 11) 아래로 속눈썹 라인 레이어(레이어 16)를 추가합니다. 속눈썹 아래에 분홍색 라인을 넣습니다. 호불호가 갈리는 표현이지만 눈에 생기를 줄 수 있어서 개인적으로 즐겨 쓰는 표현입니다.

❹ 음영 가장자리에 짙은 색 라인 넣기

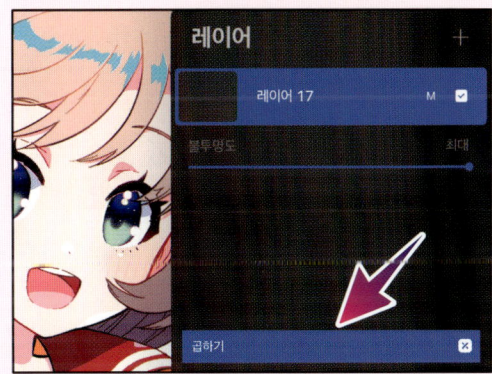

음영 가장자리에 짙은 색 라인을 얹어 주면 조금 더 탄력을 줄 수 있습니다. 선화 레이어(레이어 3) 아래에 음영 라인 레이어(레이어 17)를 추가하고 블렌드 모드는 '곱하기' M으로 설정합니다.

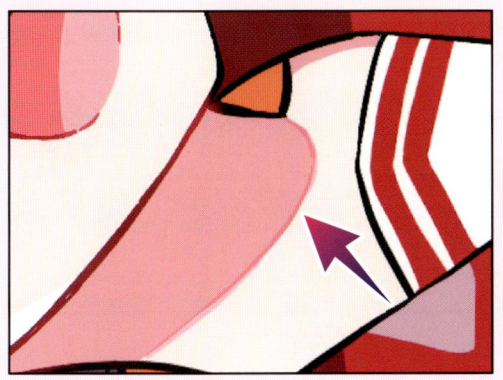

음영 가장자리에 음영보다 조금 더 짙은 색으로 라인을 추가합니다.

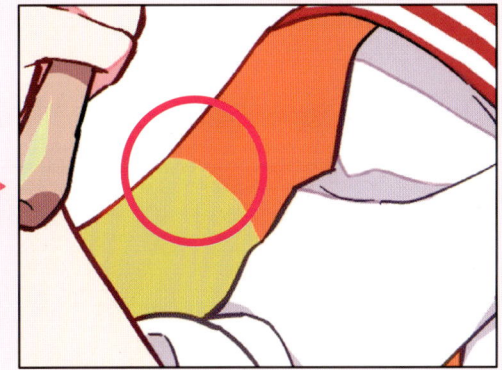

너무 눈에 띄어도 좋지 않기 때문에 모든 음영 가장자리에 선을 넣진 않습니다. 이번 예제에서는 망토 안쪽의 음영에는 가장자리 라인을 넣지 않았는데요. 선이 과하다고 생각될 땐 음영은 놔두고 가장자리 라인만 지워주세요.

❺ **완성**　　　　　　　　　　　　　　　　　　　　　　　　　　p. 018

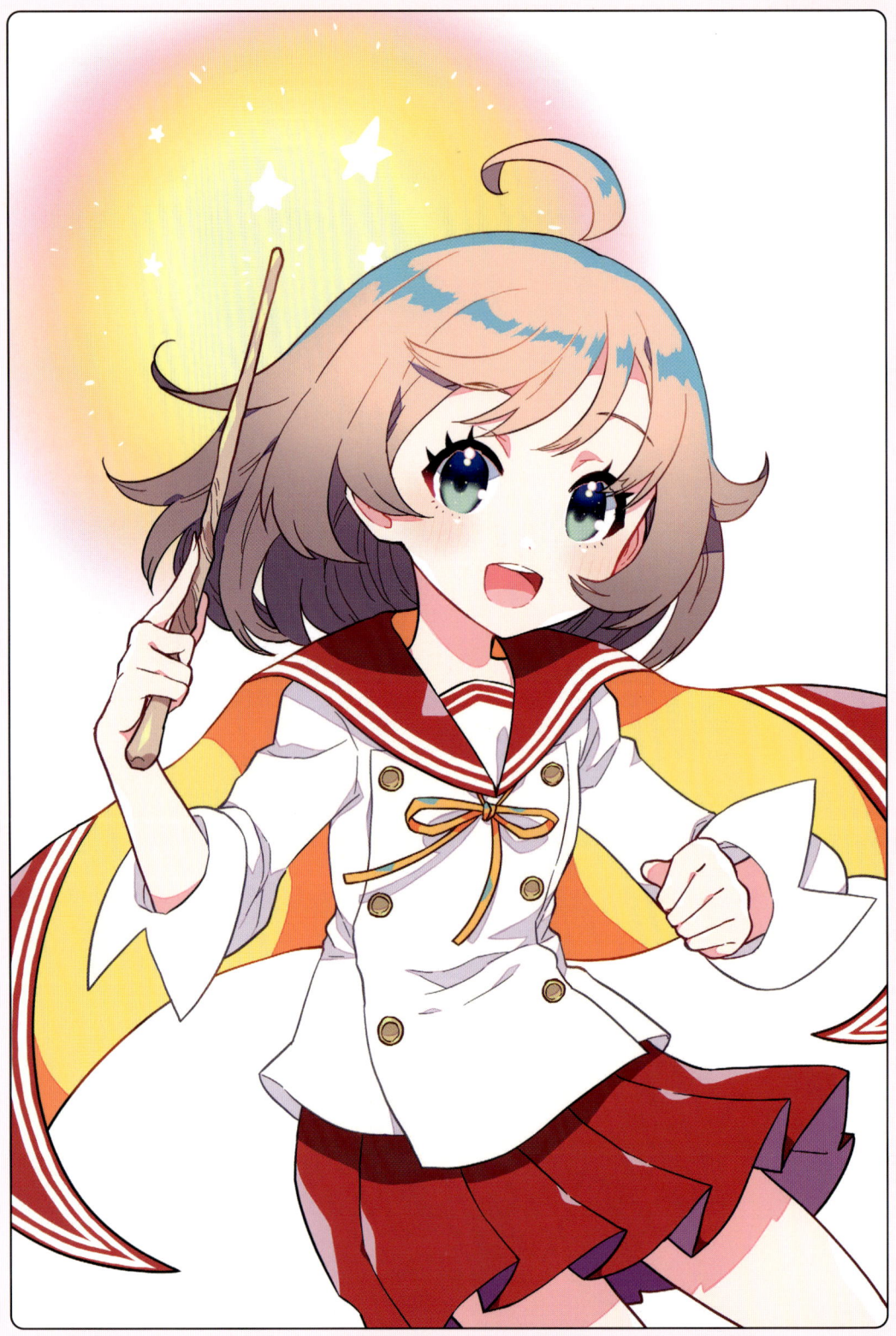

완성이 되었다면 여러분의 첫 작품을 공유해 보세요[1]. 레이어를 잘 활용한다면 앞으로도 더 만족스러운 작품을 만들 수 있을 겁니다. 기능을 하나씩 시험하고 활용법을 익혀보세요. 실수는 걱정하지 마세요. 프로크리에이트에서는 몇 번이든 다시 고쳐 그릴 수 있으니까요.

---

1. 메뉴 좌측 상단 '동작 > 공유 > 이미지 공유'에서 'PNG'를 선택해서 '이미지 저장'을 해두세요. 뒤에서(p. 118) 참고 이미지로 사용합니다. 실습한 작품을 인증하면 독자 참여 리워드를 드립니다. 자세한 내용은 '참여하는 독자에게 리워드로 환원을(p. 153)'를 참고하세요. - 옮긴이

Chapter 3 초고속 작업 시간 단축법
나만의 제스처 등록해 두기

브러시로 그림을 그리다가 편집 기능을 선택하고, 또다시 브러시로 그리기를 반복하면 작업 시간이 길어져서 지치기 마련입니다. 목표한 만큼 그리지 못하면 속상하기도 하고, 심할 때는 밤을 새우기도 하죠. 그럴 때는 자주 쓰는 기능을 제스처로 등록합시다. 한 번의 터치로 자주 쓰는 기능을 실행하거나, 손쉽게 화면을 전환할 수 있습니다. 작업하는 능률이 오르는 만큼 그리는 실력도 좋아질 거예요.

제스처 제어 설정하기

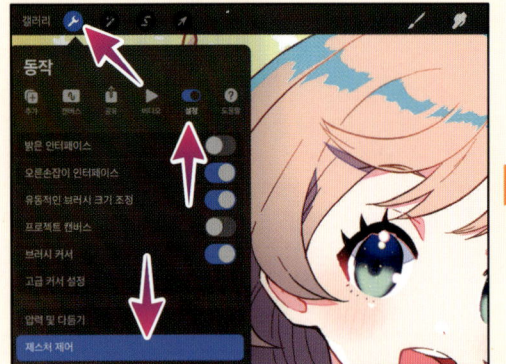

메뉴 좌측 상단의 '동작' 아이콘을 탭 한 후, '설정'을 선택합니다. 중간 아래쯤에 '제스처 제어'가 보이면 탭 해주세요.

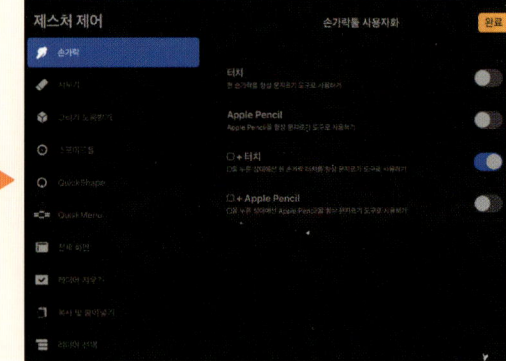

'손가락(smudge)'이나 '지우개(erase)'와 같이 자주 쓰는 기능을 제스처로 등록할 수 있습니다. 어떤 제스처가 편리한지 직접 직접 써보면서 설정합시다.

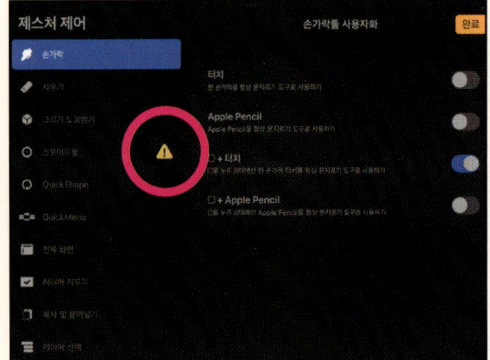

하나의 제스처에는 하나의 기능만 지정할 수 있습니다. 설정하려는 제스처에 이미 다른 기능이 할당되어 있다면 느낌표로 충돌 사실이 표시되고 이전에 설정한 내용이 해제됩니다[1]. 의도대로 잘 설정되었는지 꼼꼼하게 확인합니다.

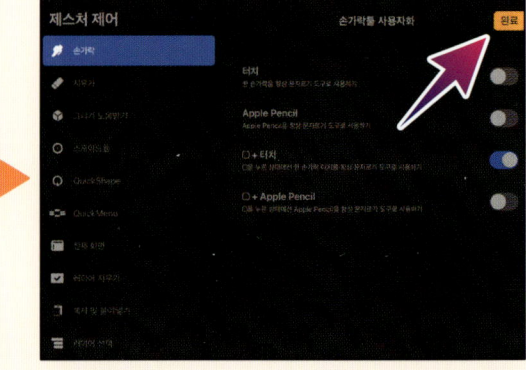

설정이 끝나면 우측 상단의 '완료' 버튼을 탭해서 설정 화면을 닫아줍니다.

---

1. 막상 제스처에 기능을 지정하려면 대부분의 제스처가 이미 사용 중인데요. 제스처 제어의 기본 설정에서 충돌이 나지 않는 동작은 애플펜슬을 쥔 상태에서 검지로 펜을 두 번 두드리는 'Apple Pencil 이중-탭' 정도입니다. - 옮긴이

추천 기능 1: 스포이드툴

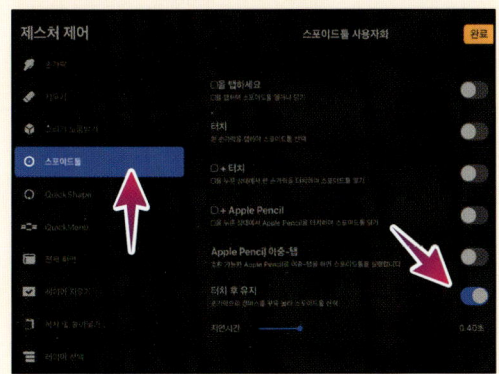

스포이드툴의 '터치 후 유지' 기능을 추천합니다. 'GtC 스타일'(p. 108)이나 '유화 스타일'(p. 102)로 채색할 때는 전에 썼던 색을 다시 쓸 일이 많습니다. 그럴 때는 색상 패널보다 스포이드툴로 색을 뽑아 쓰는 게 더 효율적입니다.

손가락으로 채색된 부분을 길게 터치하면 돋보기로 보는 것처럼 그 주변이 확대되고, 스포이드로 물감을 뽑아내듯 색상을 선택할 수 있습니다[1]. 색상을 자주 바꿔 가며 수정할 때 상당히 유용합니다.

추천 기능 2: 전체 화면

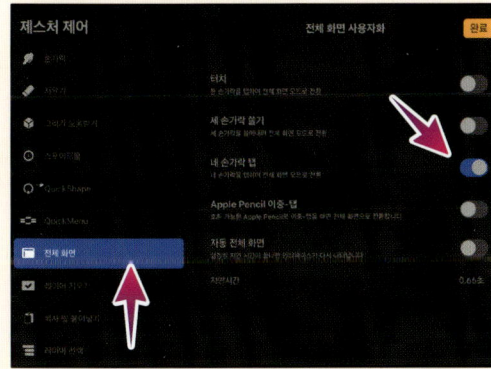

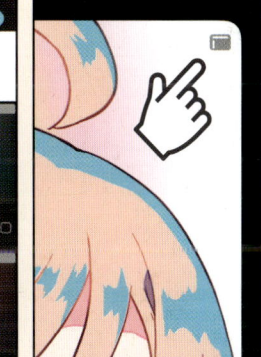

메뉴 바 없이 전체 화면으로 보고 싶다면 '네 손가락 탭'을 설정합니다. 왜 하필 손가락이 4개인지 궁금할 수 있는데 애플펜슬을 손에 든 상태에서 화면을 탭 하려고 하면 자연스럽게 네 손가락을 쓰게 된다는 걸 체감할 수 있을 겁니다.

그림을 그리다가 손쉽게 전체 이미지를 확인할 수 있기 때문에 작업하던 흐름이 끊기지 않고 화면을 확대하고 축소하는 시간을 아낄 수 있습니다. 원래 화면으로 돌아가고 싶다면 전체 화면 우측 상단의 창 모양 아이콘을 탭 하면 됩니다.

추천 기능 3: 복사 및 붙여넣기

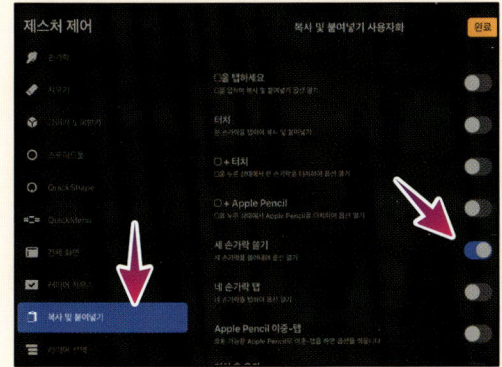

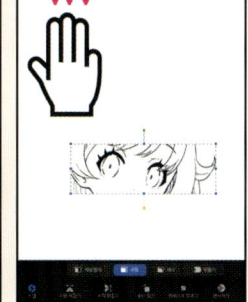

'복사'와 '붙여넣기'는 키보드나 마우스를 사용하는 환경에서 자주 쓰는 기능인데요. 아이패드용 키보드가 없더라도 제스처만으로 같은 기능을 할 수 있습니다. 여기에는 '세 손가락 쓸기'를 추천합니다.

복사할 범위를 선택한 후 세 손가락을 아래로 쓸어 '복사 및 붙여넣기' 패널을 표시합니다. '복사하기'를 탭 한 다음 붙여 넣을 화면으로 이동하고 다시 한번 세 손가락을 쓸어내려 '붙여넣기'를 탭 합니다.

---

1. 스포이드툴의 아래쪽 반원에는 이전 색상이, 윗쪽 반원은 현재 색상이 표시됩니다. - 옮긴이

Chapter 3 초고속 작업 시간 단축법
변화도 맵으로 분위기 바꾸기

'변화도 맵(gradient map)'을 빈 레이어에 적용 하면 아무런 변화가 없습니다. 변화시킬 대상이 없기 때문이죠. 변화도 맵은 기존의 명암을 유지하면서 다양한 색감을 입히는 기능입니다. 흑백 이미지를 저녁노을 느낌으로 연출하거나 화려한 이미지를 차분한 느낌으로 만들 수 있죠. 채색한 레이어를 모두 병합하고 변화도 맵을 적용 하면 전체적인 색감을 한 번에 바꿀 수 있어서 다양한 분위기를 내는 데 도움이 됩니다.

변화도 맵 사용하기

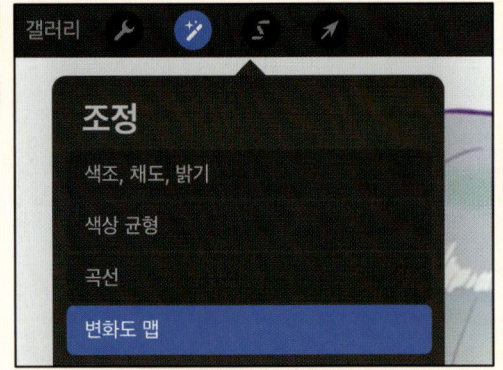 

변화도 맵은 그러데이션을 넣는 기능이 아닙니다. 그림의 명암에 따라 다른 색을 입히는 기능인데요. 메뉴 좌측 상단의 '조정' 아이콘을 탭 하면 '변화도 맵' 항목을 선택할 수 있습니다.

하단에 '변화도 라이브러리' 패널이 표시되고 기본으로 제공되는 맵을 볼 수 있습니다. 한 번의 터치로 색감을 바꿀 수 있으니 어떤 분위기를 낼 수 있는지 다양하게 시도하며 살펴보세요.

변화도 맵 커스텀하기

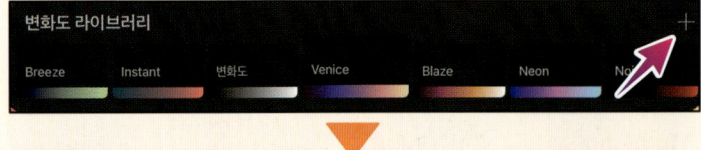

변화도 맵을 사용자가 직접 만들 수도 있습니다. '변화도 라이브러리' 패널 우측 상단의 '+'를 탭 하면 변화도 맵을 만드는 화면이 표시됩니다.

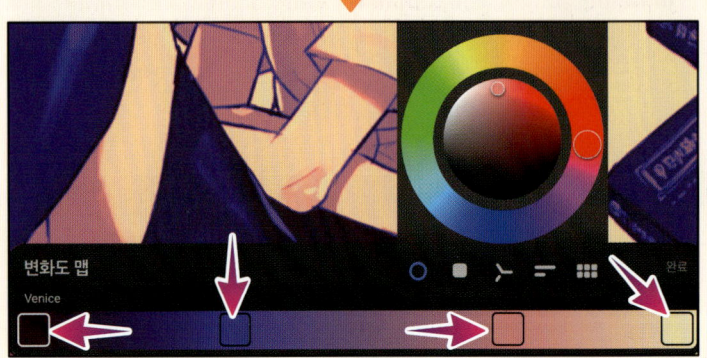

왼쪽 끝 사각형에 가장 어두운 색을, 오른쪽 끝 사각형에 가장 밝은 색을 지정합니다. 그 사이의 빈 영역을 탭 하면 사각형이 추가되며 중간색을 지정할 수 있습니다. 기본으로 제공되는 맵 설정을 참고하면서 다양한 배색을 시험해 봅시다.

적용 범위를 펜슬로 설정하기

변화도 맵 적용 전

변화도 맵의 적용 범위를 펜슬로 바꿀 수 있습니다. '변화도 맵' 화면에서 중앙 상단의 '변화도 맵 ooo%' 부분을 탭 하면 '레이어'와 'Pencil'이 표시됩니다. 이때 'Pencil'을 선택하면 브러시로 그린 부분에만 변화도 맵이 적용됩니다.

Mystic

Breeze

Venice

Blaze

Neon

Mocha

Chapter 3 초고속 작업 시간 단축법

다운 받은 브러시 정리해 두기

프로크리에이트는 기본으로 제공되는 브러시 말고도 다른 사람이 만든 브러시를 추가할 수 있습니다. 이 책의 부록으로 제공하는 브러시(p. 016)를 활용해 보세요. 필요한 브러시만 개별로 추가하거나 브러시 세트를 한 번에 추가할 수 있습니다. 여기서는 낱개로 추가하는 방법을 설명합니다. 나만의 스타일로 고쳐 쓰거나 나만의 세트로 정리해 두면 작업하는 효율도 좋아질 겁니다.

❶ 다운로드 파일 확인하기

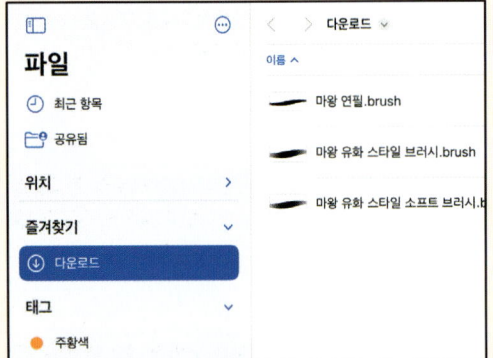

프로크리에이트 브러시는 파일명 확장자가 '.brush'입니다[1]. (예: ooo.brush) 파일은 '다운로드' 폴더에 있다고 가정합니다. '파일' 앱에서 다운로드한 파일을 확인합니다.

❷ 프로크리에이트에 적용하기

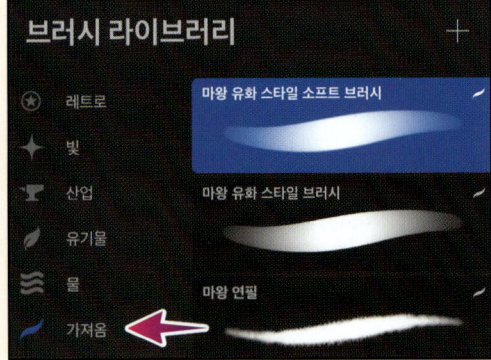

'파일' 앱에서 ooo.brush 파일을 탭 하면 프로크리에이트가 실행되면서 '브러시 라이브러리'의 '가져옴' 브러시 세트에 추가됩니다. 브러시 파일을 프로크리에이트 앱이나 아이콘 위에 드래그 앤 드롭해도 브러시가 적용됩니다.

❸ 브러시 세트 카테고리 만들기

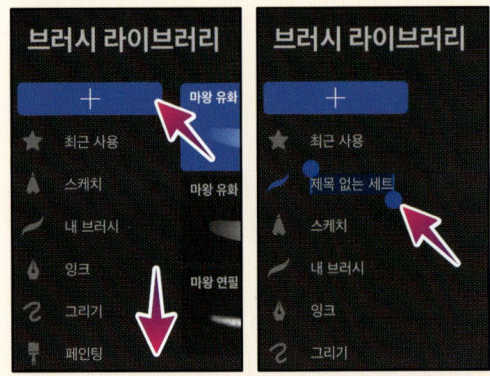

'브러시 라이브러리' 패널에서 왼쪽의 브러시 세트 카테고리를 아래로 드래그하면 최상단에 '+'가 나타납니다. '+'를 탭 하면 '제목 없는 세트'가 만들어지는데 원하는 이름으로 변경할 수 있습니다.

❹ 브러시 정리하기

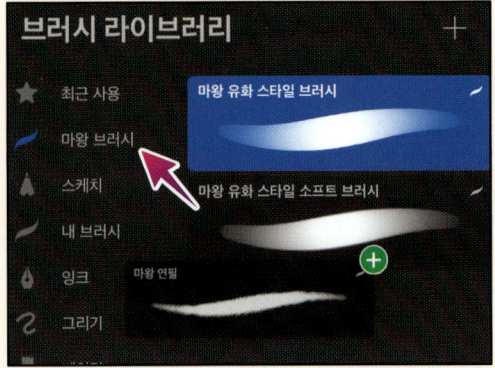

추가된 브러시 세트 안에 브러시를 드래그해서 정리합니다[2]. 평소에 브러시 세트를 잘 정리해 두면 작업하는 효율도 좋아집니다.

---

1. 브러시 세트 파일은 파일명 확장자가 '.brushset'입니다. (예: ooo.brushset) - 옮긴이
2. 브러시를 원하는 세트 위로 드래그한 다음 세트가 깜빡이고 브러시 목록이 완전히 펼쳐지면 드롭합니다. - 옮긴이

Chapter 3 초고속 작업 시간 단축법

쓸만한 브러시 선택해 두기

프로크리에이트에는 다양한 브러시가 준비되어 있습니다. 여기서는 입문자가 쓰기 좋은 무난한 브러시를 소개합니다. 기본으로 제공되는 브러시 4종과 제가 커스텀한 브러시 3종인데요. 미리 선택해 두면 '최근 사용' 항목에 표시 돼서 브러시 선택이 빨라집니다.

잉크(inking) > 스튜디오 펜

필압으로 강약을 조절할 수 있는 깔끔하고 무난한 브러시로 만화에서 선명한 선을 그릴 때 사용합니다. 코믹북 일러스트의 느낌을 내고 싶다면 이 브러시를 써 보세요.

서예(calligraphy) > 모노라인

필압의 영향을 받지 않는 브러시로 효과음이나 만화의 컷 테두리, 말풍선 등을 그릴 때 사용합니다. 퀵 쉐이프(QuickShape) 기능을 활용하거나, 필압과 상관없이 일정한 굵기의 선을 긋고 싶다면 이 브러시를 써 보세요

스케치(sketching) > 6B 연필

진한 연필 같은 텍스처를 주고 싶을 때 사용합니다. 선화를 그릴 때 아날로그 감성을 주고 싶다면 이 브러시를 써 보세요. 아날로그 느낌이 나면서도 깔끔한 터치감을 줄 수 있기 때문에 입문자가 쓰기에 무난합니다.

페인팅(painting) > 니코 룰

필압으로 농담을 조절하고 파스텔 느낌을 낼 수 있습니다. 덧칠하면 깊은 색감을 낼 수 있어서 '유화 스타일'(p. 102)에 적합한 브러시입니다. 붓자국의 에지(edge)가 살아있습니다.

마왕 연필

제가 만든 브러시입니다. 러프나 선화에 특화된 브러시로 아날로그 느낌을 주면서도 농담 표현을 확실하게 줄 수 있습니다. 이 책을 쓸 때는 물론 SNS에 그림을 공유할 때도 많이 활용하고 있습니다.

마왕 유화 스타일 브러시

이것도 제가 만든 브러시입니다. '유화 스타일'로 일러스트를 그릴 때 자주 사용하고 선화에도 쓸 수 있습니다. 필압으로 농담을 조절할 수 있어서 입문자가 쓰기에도 괜찮습니다.

마왕 유화 스타일 소프트 브러시

앞의 마왕 브러시에 부드러운 터치감을 더 넣은 브러시입니다. 부드러우면서도 선화에도 쓸 수 있을 정도로 범용적인 브러시입니다.

Chapter 3 초고속 작업 시간 단축법
나만의 브러시 만들기

기본으로 제공되는 브러시를 나만의 스타일로 커스텀해 봅시다. 필압이나 질감의 취향은 사람마다 다른데요. 내게 맞는 브러시로 그림을 그린다면 더 빠른 시간에, 더 효율적으로 작품을 완성할 수 있을 겁니다. 설정 값만 바뀌어도 전혀 다른 브러시로 거듭나기 때문에 반드시 원본 브러시를 복제한 후에 수정해서 쓰는 것을 권장합니다.

❶ 커스텀할 브러시 복제하기

커스텀하기 전에 원본 브러시를 복제합니다. 브러시를 왼쪽으로 스와이프 하면 '복제'라는 버튼이 보입니다. 이 버튼을 탭 해서 브러시를 복제하세요. 여기서는 '잉크 > 스튜디오 펜'을 복제해서 '스튜디오펜 1'을 만들었습니다.

❷ 브러시 스튜디오 실행하기

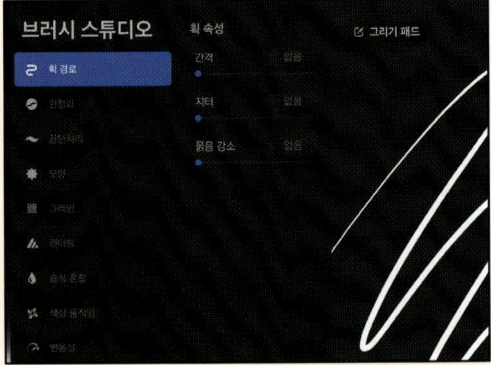

복제된 브러시를 탭 합니다. '브러시 스튜디오' 패널이 뜨면 원하는 스타일로 설정합니다. 설정 값을 조정할 땐 100%를 0%로 변경하는 것처럼 변화량을 큰 폭으로 바꿔보세요. 설정 값의 차이를 체감하는 과정이 중요합니다.[1]

안정화(stabilization)

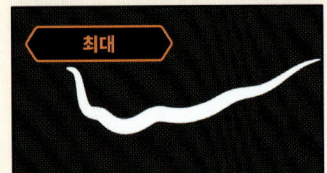

끝단처리(taper)

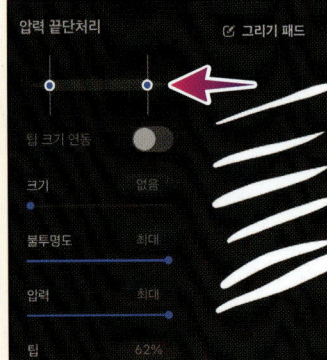

변동성(dynamics)

설정 값을 올리면 손 떨림이 방지되어 부드러운 선을 그을 수 있습니다. 곡선을 매끄럽게 그리고 싶을 때 활용해 보세요.

획의 시작과 끝 부분을 조절할 수 있습니다. '압력 끝단처리'나 '터치 끝단처리'의 파란색 둥근 점(node)을 움직이며 원하는 모양으로 만들어 보세요.

'지터(jitter)'로 노이즈를 추가해서 번지는 느낌을 줄 수 있습니다. 스튜디오 펜처럼 깔끔한 브러시도 지터를 조정하면 아날로그 느낌을 줄 수 있습니다.

1. 오른쪽의 '그리기 패드'에 직접 그려보면서 설정 값의 차이를 확인할 수 있습니다. - 옮긴이

모양(shape)

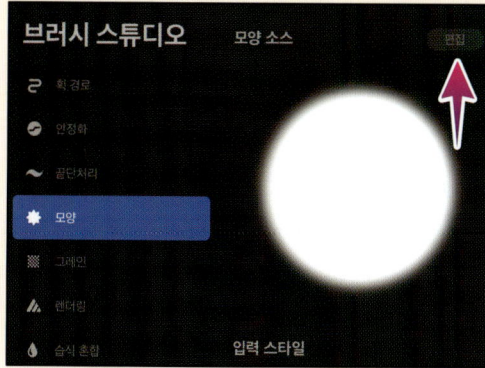

'모양 소스'의 '편집'을 탭 하면 '모양 편집기'가 실행되고 다른 이미지를 '가져오기'할 수 있습니다[1].

❶ 브러시 모양 만들기

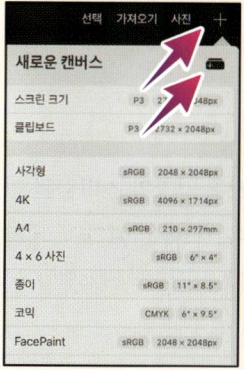 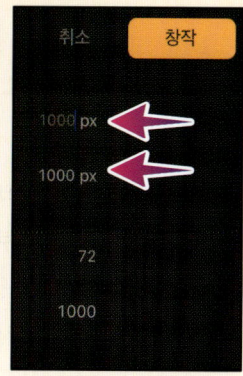

'모양 소스'로 쓸 이미지를 만들어 봅시다. '갤러리' 화면으로 돌아 간 다음 우측 상단에서 '+'를 탭 합니다. '새로운 캔버스' 패널의 우측 상단에서 한번 더 '+'를 탭 해서 '사용자지정 캔버스' 패널을 열고 가로, 세로 1000px의 캔버스를 만듭니다.

❷ 브러시 모양 저장하기

캔버스에서 바탕은 검은색으로 칠하고 브러시 모양은 흰색으로 그립니다. '갤러리' 화면으로 돌아가서 우측 상단의 '선택' 아이콘을 탭 한 다음 방금 그린 이미지를 선택합니다. '공유'를 탭 하고 'PNG' 파일을 선택, '이미지 저장'을 합니다.

❸ 복제한 브러시 커스텀하기

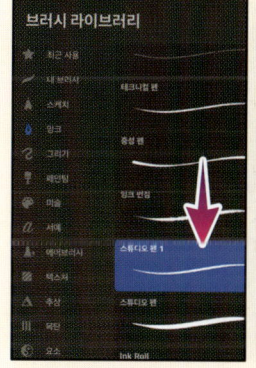 

새 캔버스를 만들고 메뉴 우측 상단에서 '브러시' 아이콘을 탭 합니다. '브러시 라이브러리' 패널에서 복제한 브러시(스튜디오 펜 1)를 선택한 다음 '브러시 스튜디오'에서 '모양'을 탭 합니다. 이어서 '모양 소스'의 '편집'을 탭 합니다.

❹ 브러시 모양 설정하기

'모양 편집기' 우측 상단의 '가져오기'를 탭 하고 '이미지 소스 옵션'에서 '사진 가져오기'를 선택합니다. PNG로 저장했던 브러시 모양 이미지를 가져옵니다. 모양 편집기에 직접 만든 이미지가 표시되면 '완료'를 눌러서 완성합니다.

❺ 작가 서명 만들기 / 설정 초기화하기

'브러시 스튜디오'의 '이 브러시에 관하여'를 탭 하면 브러시의 이름과 서명을 넣을 수 있습니다. '새로운 초기화 포인트를 생성'을 하면 최종 설정이 저장되는데 커스텀을 하다가 실수를 하더라도 '브러시 초기화'로 되돌릴 수 있습니다.

1. '이미지 소스 옵션 > 붙여넣기'를 한 경우에는 두 손가락으로 붙여 넣은 그림을 탭 해서 바탕이 검은색이 되게 반전해야 합니다. - 옮긴이

Chapter 3 초고속 작업 시간 단축법

색상 패널 분리하기

색을 바꿀 때마다 색상 패널을 열고 닫다 보면 그림이 빠르게 늘지 않습니다. 특히 채색부터 마무리까지 수정이 많을 때에는 가능한 한 손이 덜 가는 게 덜 피곤합니다. 색상 패널 상단의 막대 모양 손잡이를 드래그하면 패널이 화면 위로 떠다니는데 편한 곳에 두었다가 빠르게 색을 변경할 수 있습니다. 색상 패널은 여섯 가지가 있는데 상황에 맞게 골라 쓸 수 있습니다.

패널 떼어내기

색상 패널을 매번 여닫는 건 시간 낭비입니다. 더 빠르게 색상을 변경할 수 있도록 패널을 메뉴에서 분리해 보세요. 상단의 막대 모양 손잡이를 드래그하면 떠다니는 작은 패널로 분리할 수 있습니다.

띄워놓고 사용하기

분리된 패널은 항상 화면 위에 떠 있습니다. 하단의 아이콘을 탭 하면 다른 모양 패널로 바꿀 수 있습니다.

자유롭게 이동하기

분리된 패널은 화면 구석구석 어디로든 이동할 수 있습니다. 그리는 데 방해가 되지 않는 선에서 편한 곳에 놓고 쓰세요.

다 쓴 후엔 치워주기

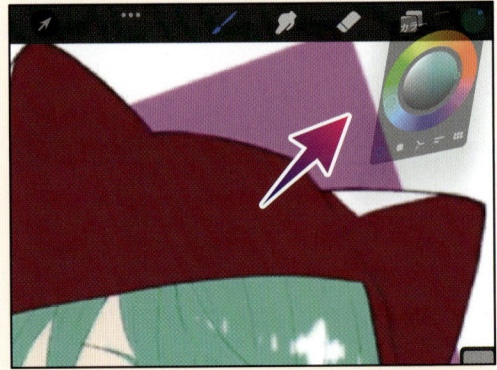

색상 패널을 다 썼다면 우측 상단의 'X'를 탭 하세요. '색상' 아이콘에 빨려 들어가듯이 화면에서 사라집니다.

색상 패널 하단의 아이콘을 탭 하면 다른 모양의 색상 패널로 바꿔 쓸 수 있습니다. 색상을 직관적으로 선택하고 싶다면 '컬러 디스크'나 '클래식', '하모니'를 선택하고, 정량적으로 설정하고 싶다면 '값'을 선택하세요. 사용할 색상이 이미 정해졌다면 타일처럼 배열되는 '팔레트(소형)'를, 더 크게 보고 싶다면 '팔레트(카드)'를 써 보세요. 상황에 맞게 잘 골라 쓰면 작업 효율도 좋아질 겁니다.

컬러 디스크

바깥쪽 원에서 색상을, 안쪽 원에서 명도와 채도를 고릅니다. 색상이 원형으로 배열되어 있어서 직관적으로 골라 쓰기 좋습니다.

클래식

고전적인 패널입니다. 위의 사각형에서 명도와 채도를, 아래의 막대에서 색상을 고릅니다. 사용법이 직관적이라 한 번 적응하면 다른 패널보다 편리합니다.

하모니

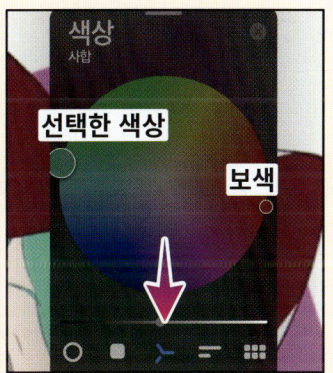

위의 원에서 색상과 채도를, 아래의 막대에서 명도를 고릅니다. 선택한 색상은 큰 동그라미, 보색은 작은 동그라미입니다. 보색을 찾을 때 편리합니다.

값

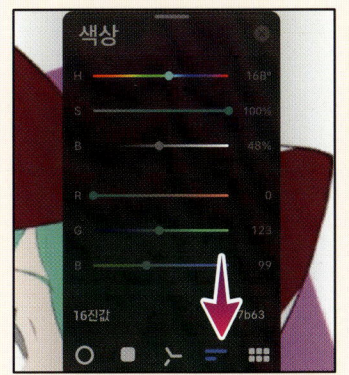

정확한 수치로 설정할 수 있습니다. HSB는 색상각과 %로, RGB는 0에서 255까지의 숫자로 설정합니다[1]. HEX는 RGB를 16진수로 표현한 값입니다.

팔레트(소형)

색상견본(swatch)에서 색을 고를 수 있습니다. 팔레트(소형)에는 한 세트에 30가지 색상이 들어가는데 필요에 따라 세트를 추가해서 골라 쓸 수 있습니다.

팔레트(카드)

색상견본이 크게 표시됩니다. 색상 이름을 확인할 수 있어서 이름으로 찾아 쓸 때 편리합니다.

---

1. HSB는 Hue(색상), Saturation(채도), Brightness(명도)를 의미합니다. RGB는 Red, Green, Blue로 구성되고 각 채널이 1byte(8bit) 정보를 사용하므로 2의 8승인 256개의 값을 표현할 수 있습니다. 캔버스의 색상 프로파일이 CMYK 계열이라면 CMYK 설정도 가능합니다. - 옮긴이

Chapter 3 초고속 작업 시간 단축법
색상 팔레트 자동으로 만들기

색상 팔레트를 만들 때 스포이드툴로 색깔을 하나씩 찍어 모으는 건 너무 번거롭고 오래 걸립니다. 프로크리에이트에서는 사진이나 이미지의 색상을 분석해서 팔레트를 자동으로 만들 수 있는데요. 아이패드의 카메라로 사진을 찍거나 '사진' 앱, '파일' 앱에서 이미지를 고르기만 하면 됩니다. 좋아하는 작품이나 전에 그린 그림에서 팔레트를 자동으로 뽑아 쓸 수 있으니 작업이 상당히 편해집니다. 만들어진 팔레트는 언제든지 수정해서 고쳐 쓸 수 있습니다.

❶ 팔레트 추가하기

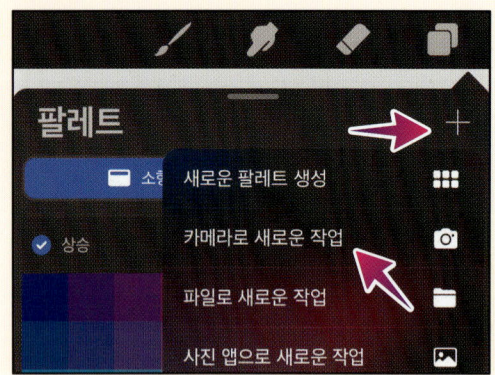

메뉴 우측 상단의 '색상' 아이콘을 탭 하고 색상 패널 우측 하단의 '팔레트'를 선택합니다. 팔레트 우측 상단의 '+'를 탭 한 다음 '카메라로 새로운 작업'을 선택합니다. 카메라에 접근할지 물어본다면 '허용'을 선택합니다.

❷ 카메라로 사진 찍기

아이패드 카메라가 실행됩니다. 화면 가운데의 색상이 추출되고 셔터 버튼을 누르면 자동으로 팔레트가 생성됩니다. '시각화' 버튼을 누르면 화면 전체의 색상이 추출되고 역시 셔터 버튼을 누르면 팔레트가 생성됩니다.

❸ 팔레트 수정하기

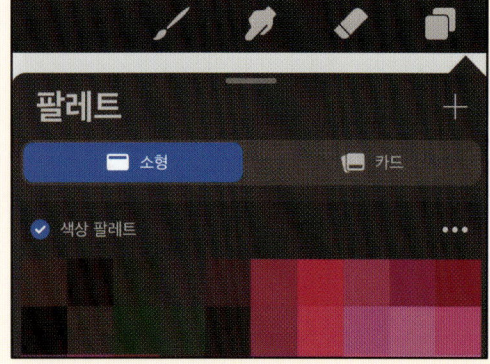

생성된 팔레트는 '색상 팔레트'란 이름으로 등록됩니다. 이름과 색상견본은 언제든 원하는 대로 수정할 수 있습니다.

❹ 팔레트 활용하기

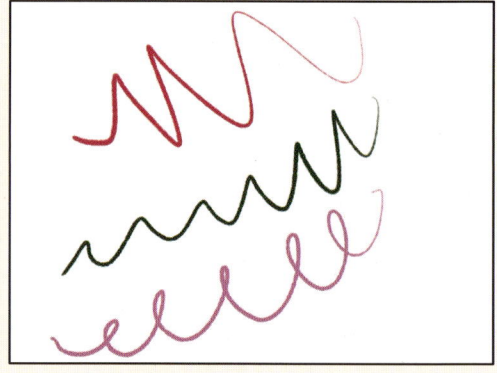

생성된 팔레트로 채색해 봅시다. 자연에서 색을 뽑으면 어색하지 않게 분위기를 낼 수 있고, 좋아하는 작품에서 색을 뽑으면 배색을 참고할 때 도움됩니다. 특히 한번 그린 캐릭터를 다시 그려야 할 때 색상을 고르는 게 쉬워집니다.

파일이나 사진 앱으로 팔레트 생성하기

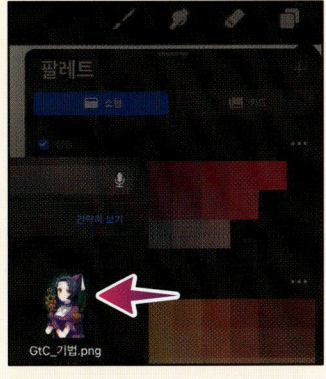

그 밖에도 '파일로 새로운 작업'이나 '사진 앱으로 새로운 작업'으로 팔레트를 만들 수 있습니다.

'파일로 새로운 작업'을 탭 한 다음 색상을 뽑고 싶은 이미지를 선택합니다.

해당 이미지가 사용한 색상으로 팔레트가 생성됩니다. 팔레트 이름은 '이미지로 생성된 팔레트'입니다.

팔레트 이름 바꾸기

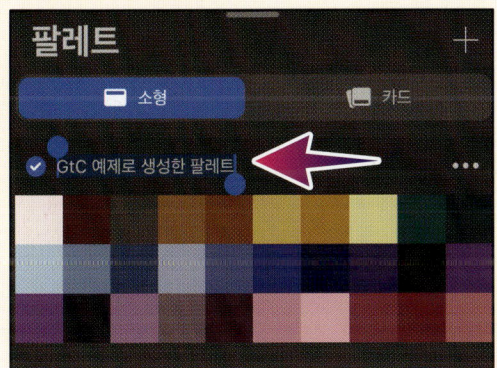

팔레트 이름을 탭 하면 이름을 바꿀 수 있습니다. 어떤 작품에서 추출한 건지 나중에 찾아 쓰기 편하게 관리합시다.

색상견본 이름 바꾸기

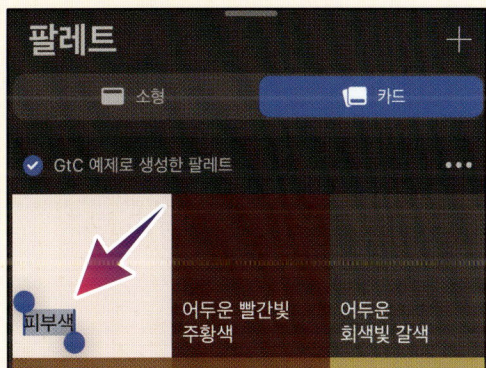

팔레트(카드)를 선택하면 색상견본에 이름이 표시됩니다. 이름을 탭 하면 수정할 수 있는데 어디에 썼는지 알 수 있게 표시합시다.

색상견본 순서 바꾸기

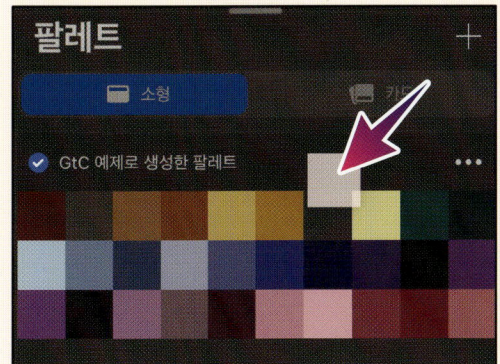
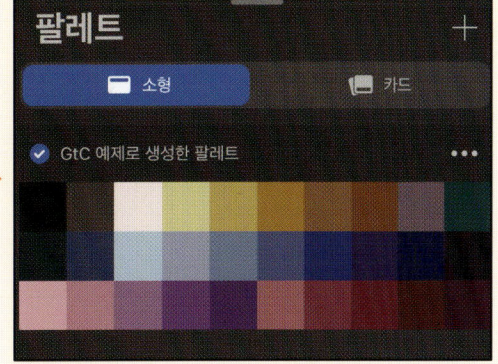

생성된 팔레트는 색상이 무작위로 배열되기 때문에 원하는 걸 찾아 쓰기 불편할 수 있습니다. 이때는 색상을 드래그해서 찾기 쉬운 위치로 옮겨줍시다. 너무 길게 누르면 '색상견본 삭제', '현재 색상 설정' 등의 메뉴가 표시됩니다.

비슷한 색끼리 모아 두거나 밝기 순으로 배열해 두면 색을 고르는 게 빨라집니다. 너무 비슷해서 잘 쓰지 않는 색을 삭제하거나 새 색상을 추가하는 등 상황에 맞게 나름의 방식으로 정리합시다.

Chapter 3 초고속 작업 시간 단축법

블렌드 모드로 효과주기

음영이나 하이라이트, 그러데이션을 넣을 때 레이어에 직접 칠하게 되면 나중에 다른 색을 칠하고 싶어도 수정하기 힘듭니다. 그럴 때는 레이어를 추가한 뒤 블렌드 모드로 색을 얹어 주는 게 더 편리합니다. 블렌드 모드는 적은 작업으로 다양한 효과를 낼 수 있어서 전체적인 작업 시간을 줄일 수 있습니다. 여기서는 자주 쓰는 블렌드 모드 여섯 가지를 살펴보고 어떤 효과를 낼 수 있는지 확인해 봅시다.

❶ 레이어 우측의 알파벳 탭 하기

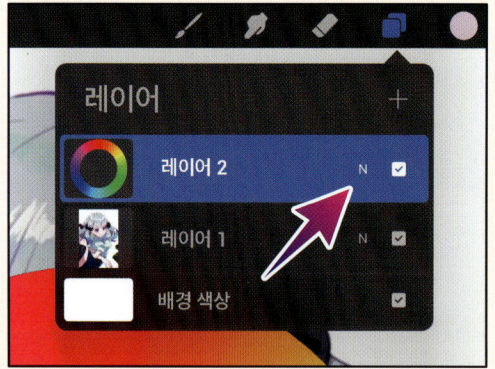

레이어의 블렌드 모드를 설정하려면 레이어 오른쪽의 알파벳을 탭 합니다. 알파벳은 현재의 블렌드 모드를 의미하는데 기본은 N(normal), '보통'으로 설정되어 있습니다.

❷ 블렌드 모드 선택하기

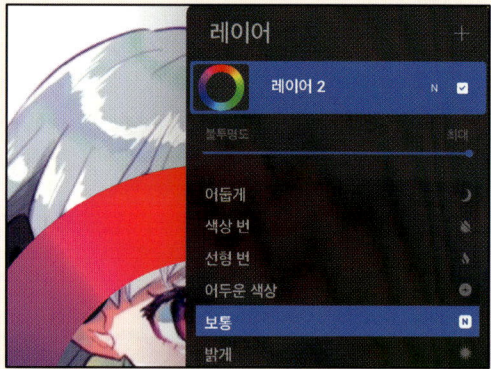

알파벳을 탭 하면 선택할 수 있는 블렌드 모드가 펼쳐집니다. '보통' N을 '차이' D(difference)로 바꿔 봅시다.

❸ 불투명도 조절하기

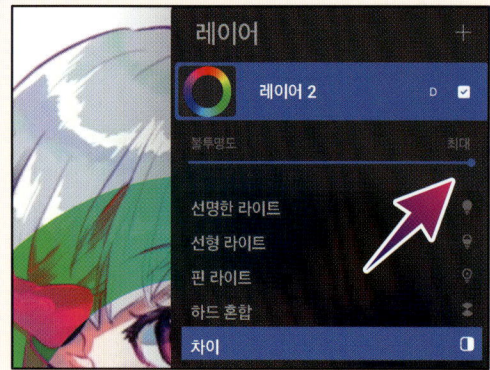 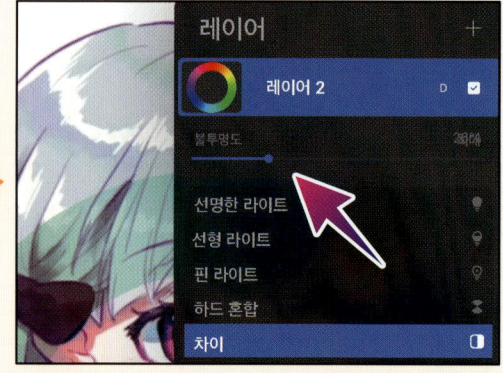

블렌드 모드는 불투명도로 강약을 조절합니다. '불투명도' 슬라이드 바를 좌우로 옮기면서 얼마나 적용할지 결정합니다.

불투명도가 100%에 가까울수록 효과는 강해지고 0%에 가까울수록 효과는 약해집니다. 블렌드 모드에서는 원하는 색감을 내기 위해 여러 번 덧칠을 하는 대신 몇 번의 조작만으로 원하는 색감을 만들어 낼 수 있습니다.

보통(normal)

위 레이어가 아래 레이어를 가리면서 표시됩니다. 가장 기본적인 블렌드 모드로 다양하게 활용할 수 있습니다.

곱하기(multiply)

위 레이어가 아래 레이어를 더 어둡게 만듭니다. 그림자를 칠할 때 사용합니다.

스크린(screen)

위 레이어가 아래 레이어를 더 밝게 만듭니다. 그림에 온화한 느낌을 줄 때 사용합니다. 곱하기와 반대 역할입니다.

오버레이(overlay)

밝은 곳엔 '스크린'을, 어두운 곳엔 '곱하기'를 적용한 효과를 냅니다. 그림에 강약을 줄 때 사용합니다.

색상 닷지(color dodge)

위 레이어가 아래 레이어를 더 밝게 만듭니다. 대비(contrast)를 약하게 만들어서 스크린보다 더 밝은 효과를 냅니다. 하이라이트를 넣을 때 사용합니다.

색상 번(color burn)

위 레이어가 아래 레이어를 더 어둡게 만듭니다. 대비를 강하게 만들어서 곱하기보다 더 어두운 효과를 냅니다. 그림에 생동감을 줄 때 사용합니다.

실시간으로 색상 바꾸기

Chapter 3 초고속 작업 시간 단축법

캐릭터를 어떻게 채색할지 망설이고 있다면 다양한 색상을 실시간에 확인할 수 있는 '재채색(recolor)' 기능을 활용해 보세요. 다시 칠하고 싶은 레이어를 '레퍼런스'로 설정한 다음 그 위에 커서를 올려놓으면 팔레트의 현재 색상이 바뀝니다. 다양한 색상으로 미리 보기 하면서 어울리는 색상을 찾아보세요.

❶ 퀵 메뉴(QuickMenu) 설정하기

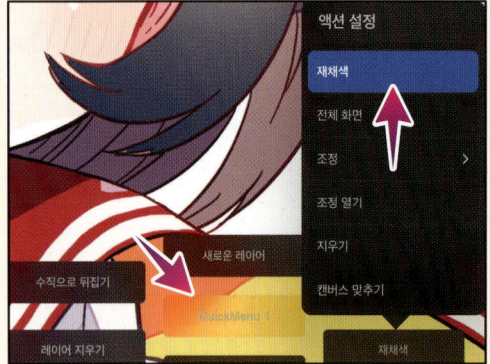

메뉴 좌측 상단에서 '동작' 아이콘을 탭하고 '설정 > 제스처 제어 > QuickMenu'를 설정합니다(p. 064)[1]. 캔버스로 돌아가서 퀵 메뉴를 실행한 다음 쓰지 않는 항목을 길게 누릅니다. '액션 설정' 목록에서 '재채색'을 선택합니다[2].

❷ 레이어에 '레퍼런스' 설정하기

다시 채색하고 싶은 레이어(고유색 레이어나 파츠 레이어)를 선택합니다. 썸네일을 탭 한 다음 옵션 메뉴에서 '레퍼런스'를 선택합니다.

❸ 재채색할 부분에 커서 올려놓기

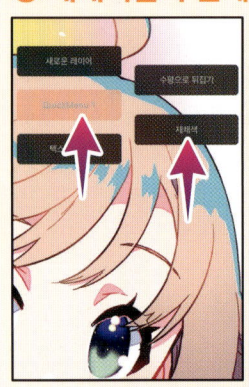 

머리카락 그러데이션 레이어(레이어 6) 위에 새 레이어를 추가하고 퀵 메뉴를 실행, '재채색'을 선택합니다. 커서에 '+' 모양이 표시되는데 그 아래 영역이 현재 색상으로 채색됩니다.

❹ 현재 색상 변경하기

이 상태에서 색상 팔레트의 색상을 바꾸면 커서 아래 색상도 실시간으로 바뀝니다. 채도나 명도도 함께 바뀌니 원하는 색감을 빠르게 찾아보세요.

---

1. 제스처 제어 기본 설정에서 충돌 나지 않는 동작은 애플펜슬을 쥔 상태에서 검지로 펜을 두 번 탭 하는 'Apple Pencil 이중-탭'입니다. - 옮긴이
2. 퀵 메뉴는 'QuickMenu 1', 'QuickMenu 2'처럼 여러 벌 만들 수 있습니다. 메뉴 한 벌에 여섯 가지 기능을 할당할 수 있습니다. - 옮긴이

색상 패널 슬라이드로 색상 변경하기

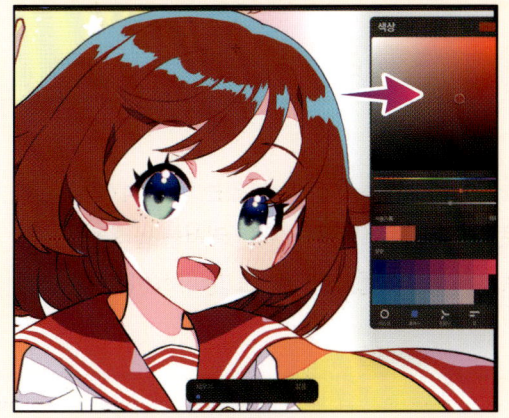
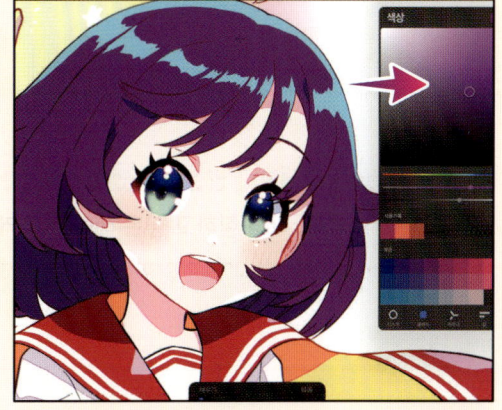

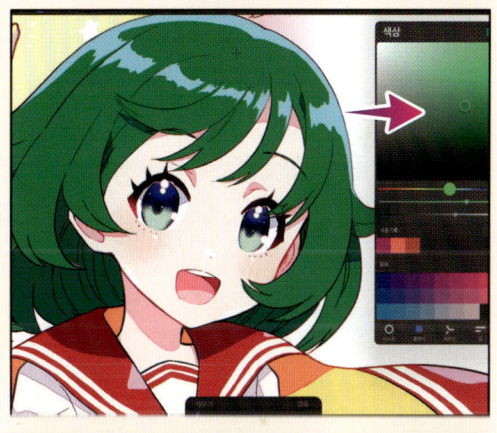
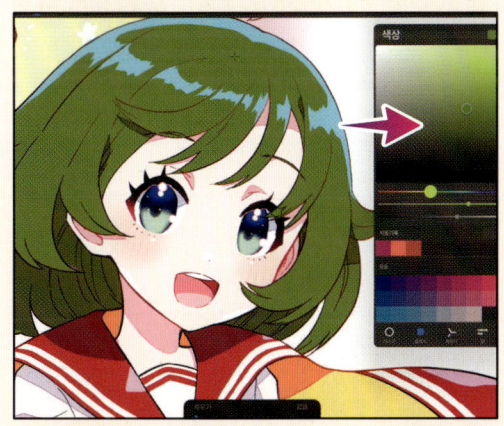
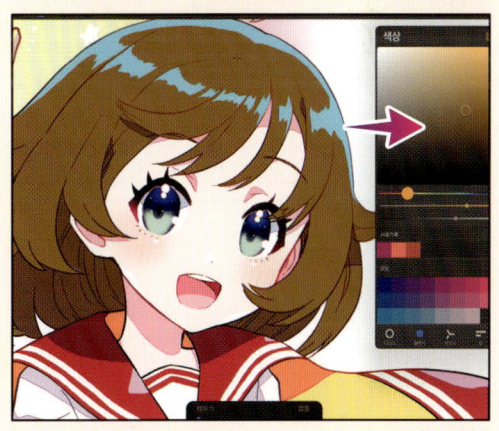
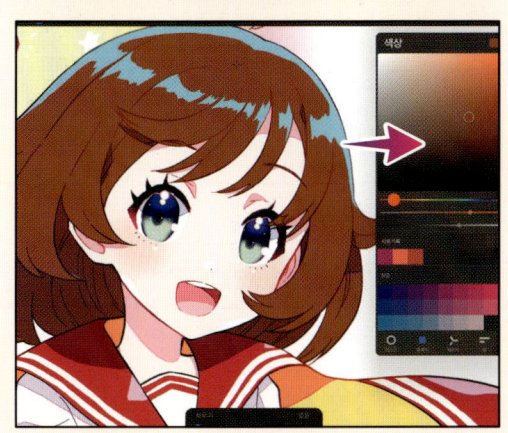

파츠를 구분해서 채색해 두면 나중에 수정할 때 편리합니다.

Chapter 3 초고속 작업 시간 단축법
변형툴로 수정하기

그림이 마음에 들지 않는다고 지우고 다시 그리는 건 너무 비효율적입니다. 프로크리에이트에는 변형 기능이 잘 갖춰져 있어서 수정도 어렵지 않게 할 수 있습니다. 의상에 패턴을 넣는 것처럼 다른 그림을 가져와서 덧입히거나 굴곡에 맞춰서 변형할 수도 있죠. 변형툴 사용법을 잘 익혀 두었다가 좀 더 빠르게 작업해 봅시다.

균등(uniform)

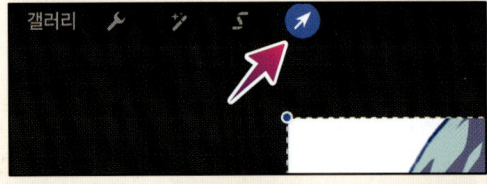
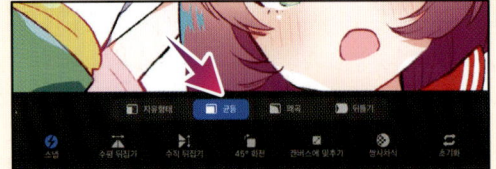

메뉴 좌측 상단의 '변형' 아이콘을 탭 합니다. 하단 패널에서 '균등'을 선택하면 가로 세로 비율을 유지한 채 크기를 바꾸거나, 뒤집거나, 회전할 수 있습니다. 조작하다 실수하면 '초기화'를 탭 해서 원래 상태로 되돌릴 수 있습니다.

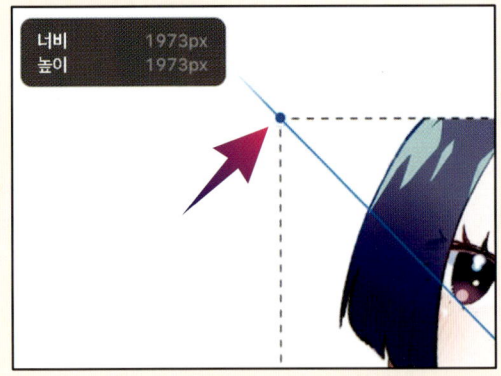

선택 영역 점선에서 파란색 둥근 점(transform node)을 드래그하면 그림을 확대, 축소할 수 있습니다.

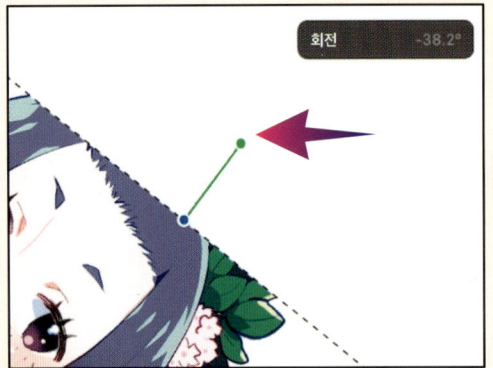

초록색 둥근 점(rotation node)을 드래그하면 그림을 회전하며 각도를 확인할 수 있고 초록색 둥근 점을 탭 하면 각도를 직접 입력할 수 있습니다. 정확한 각도로 회전하고 싶을 때 유용합니다.

노란색 사각점(bounding box adjust node)을 드래그하면 그림은 놔두고 선택 영역만 회전할 수 있습니다. 파랑, 초록, 노랑의 세 점(node)은 균등 기능 외에서도 똑같은 방식으로 동작합니다.

자유형태(freeform)

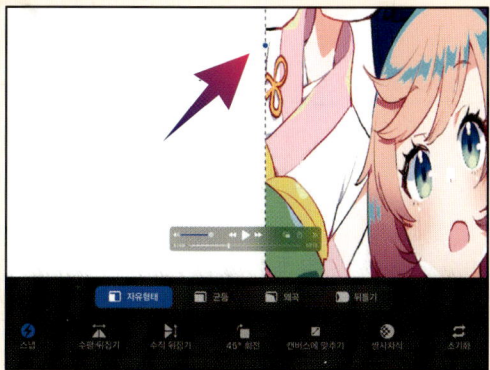

'자유형태'는 가로 세로 비율과 무관하게 선택 영역을 변형할 수 있습니다.

왜곡(distort)

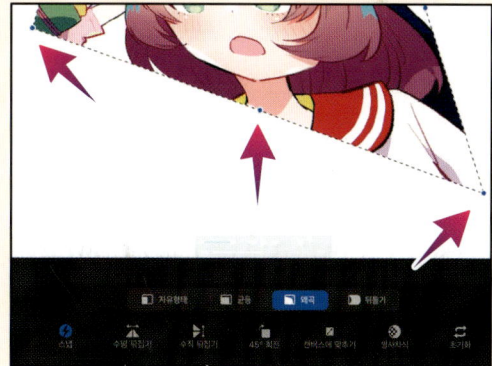

'왜곡'은 선택 영역의 파란색 둥근 점을 드래그해서 선택 영역을 변형할 수 있습니다.

뒤틀기(warp)

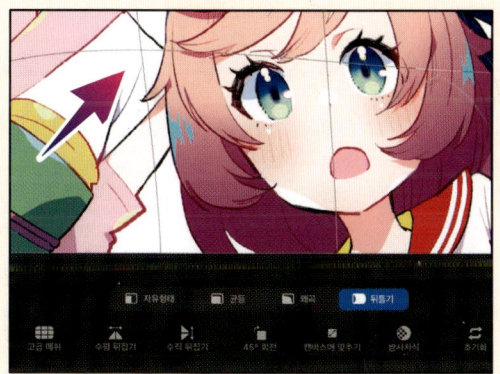
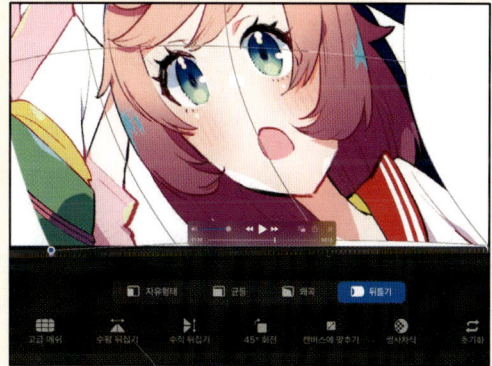

'뒤틀기'는 격자로 표시된 면을 드래그해서 완만하게 변형할 수 있습니다.

'뒤틀기'의 격자는 의상 등에 패턴을 넣고 싶을 때 기준선으로 활용할 수 있습니다.

뒤틀기 > 고급 메쉬(advanced mesh)

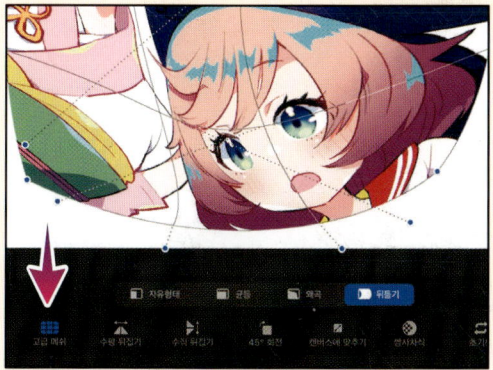

'고급 메쉬'는 '뒤틀기'에서 더 정교하게 변형할 때 사용합니다. 격자의 교차점에 핸들[1]이 추가되는데 이것을 손잡이 삼아서 변형할 수 있습니다.

뒤틀기 > 기타 변형 기능

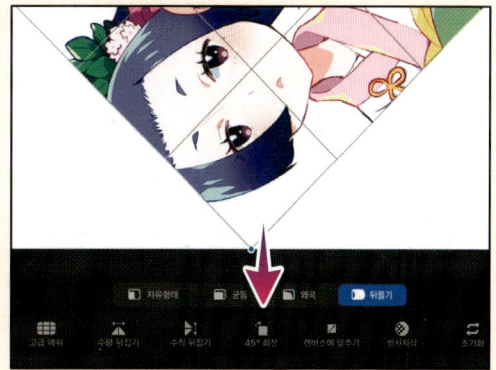

'수평 뒤집기', '수집 뒤집기', '45도 회전'은 이름 그대로의 변형이 가능하고 '캔버스에 맞추기'는 선택 영역의 그림을 캔버스에 꽉 차게 확대합니다[2].

---

1. 핸들은 점선 끝에 파란 둥근 점이 달린 모양입니다. - 옮긴이
2. '쌍차식'에 대해서는 '깔끔한 선 유지하기(p. 130)'에서 설명합니다. - 옮긴이

Chapter 3 초고속 작업 시간 단축법

픽셀 유동화로 보정하기

그림을 미세하게 수정하고 싶다면 '픽셀 유동화(liquify)'를 활용해 보세요. 손가락이나 애플 펜슬로 디테일한 보정이 가능하고 다양한 방식으로 연출할 수 있습니다. 자주 쓰는 기능은 '밀기'와 '꼬집기', '확장'입니다. '재구성'은 보정한 부분 중 일부를 원상태로 되돌리는 기능입니다. 얼굴이나 엠블럼처럼 왜곡 없이 보여줘야 하는 부분에 재구성을 조금씩 활용해 보세요.

픽셀 유동화 선택하기

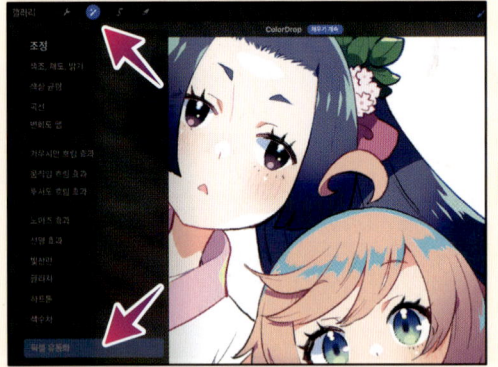

메뉴 좌측 상단의 '조정' 아이콘을 탭 하고 메뉴 아래쪽에서 '픽셀 유동화'를 선택합니다.

하단 패널에 다양한 기능이 표시되는데 '크기'와 '압력'으로 브러시의 속성을, '왜곡(distortion)'과 '탄력(momentum)'으로 적용 효과를 조절할 수 있습니다.

밀기(push)

'밀기'는 브러시를 긋는 방향으로 그림을 밀어냅니다. 그림을 미세조정할 때 사용합니다.

비틀기(twirl)

'비틀기'는 화면을 터치하는 시간만큼 그림을 비틀어줍니다. 시계방향과 반시계방향을 선택할 수 있습니다.

꼬집기(pinch)

'꼬집기'는 터치한 곳을 중심으로 그림을 집어 올리듯이 보정합니다. 파츠의 크기를 줄이고 싶을 때 사용합니다.

확장(expand)

'확장'은 '꼬집기'의 반대 기능인데 터치한 곳을 중심으로 그림을 밀어내듯 보정합니다. 파츠의 크기를 키우고 싶을 때 사용합니다.

결정(crystals)

'결정'은 터치한 곳을 중심으로 표면을 교란하듯 보정합니다. 잉크가 번지는 듯한 자잘한 효과를 만들어 냅니다.

모서리(edge)

'모서리'는 펜이 지나가는 선을 따라 주변이 끌려가듯 보정합니다. 애플펜슬로 이동하면서 '꼬집기'를 하는 느낌입니다.

재구성(reconstruct)

'재구성'은 보정한 부분을 이전 상태로 되돌리고 싶을 때 사용합니다.

지나치게 보정된 이미지에서 특정 부분(얼굴이나 눈동자 등)을 강조하고 싶을 때 사용합니다.

Chapter 3 초고속 작업 시간 단축법
퀵 쉐이프로 깔끔하게 그리기

애플펜슬로 그리는 게 익숙하지 않을 때는 예쁘게 그리는 게 쉽지 않을 겁니다. 몇 번이든 고쳐서 그릴 수는 있겠지만 작업하는 시간은 많이 걸릴 거예요. 퀵 쉐이프(QuickShape)를 사용하면 정원이나 정사각형을 쉽게 그릴 수 있어서 정교하게 그려야 할 때 도움이 됩니다. 퀵 쉐이프 사용법을 익혀 두었다가 일러스트를 속도감 있게 완성해 보세요.

❶ 동그라미 그리기

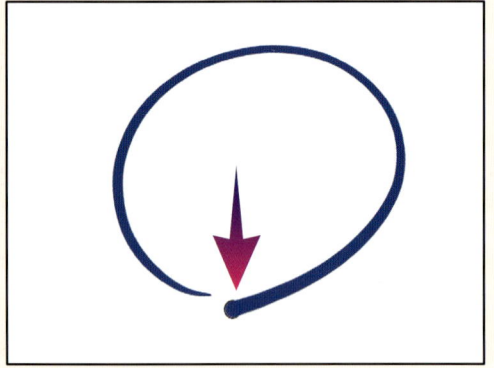

애플펜슬로 동그라미를 그립니다. 펜 끝을 화면에서 떼지 말고 잠시 기다립니다.

❷ 펜 끝을 떼지 않고 잠시 기다리기

펜을 떼지 않은 상태에서 잠깐 기다리면 동그라미가 깔끔하게 변형됩니다. 화면에서 펜을 떼면 동그라미가 완성되는데 아직은 떼지 말고 그대로 놔두세요.

❸ 손가락을 탭 해서 정원 만들기

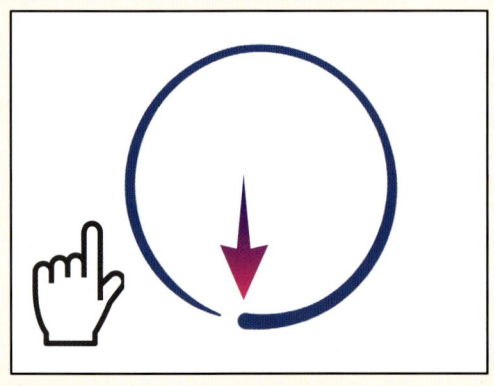

손가락으로 빈 공간을 탭 하면 완전한 정원으로 변형됩니다.

❹ 펜 끝을 떼고 모양 확정하기

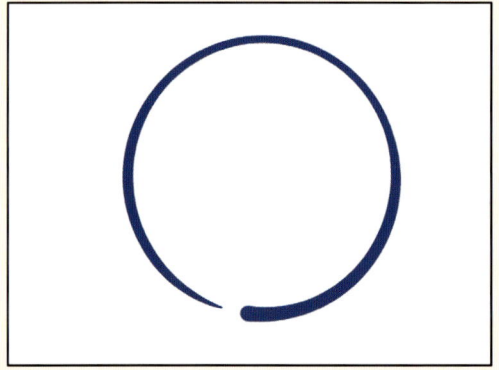

정원이 된 상태에서 펜 끝을 떼면 모양이 확정됩니다. 동그라미를 자유자재로 그릴 수 있을 때까지 연습해 보세요.

❺ 확정 후에 편집하기

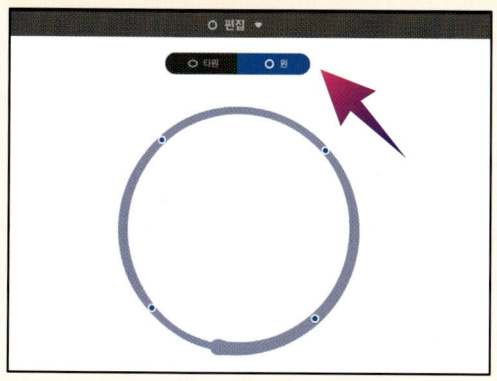

퀵 쉐이프로 그린 후엔 화면 중앙 상단에 '편집' 바가 생깁니다. 이 부분을 탭 하면 확정된 도형을 수정할 수 있습니다.

❻ 정원을 다른 모양으로 바꾸기

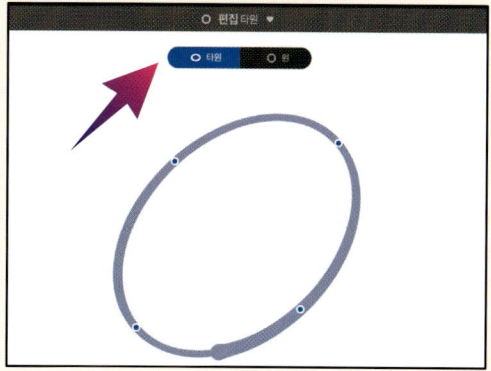

'타원', '원', '직사각형', '사변형'으로 변형할 수 있고 파란색 둥근 점(node)을 드래그하면 원하는 모양으로 바꿀 수 있습니다.

네모 그리기

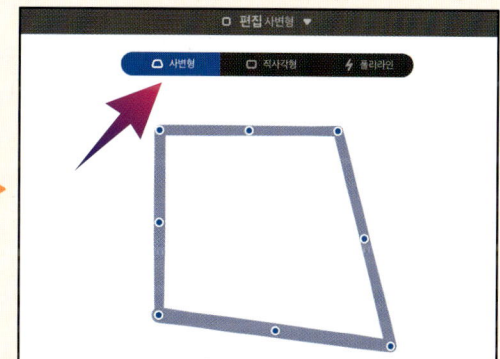

애플펜슬로 네모를 그린 다음 펜을 떼지 말고 잠깐 기다리면 깔끔한 사각형이 그려집니다. 이어서 펜을 떼지 않은 상태에서 손가락으로 빈 화면을 탭 하면 완전한 정사각형으로 변형됩니다.

앞에서와 마찬가지로 모양이 확정된 후에도 다시 편집할 수 있습니다. '사변형', '사각형', '직사각형', '폴리라인', '타원'으로 변형할 수 있고 파란색 둥근 점을 드래그해도 됩니다.

폴리라인(poly line)으로 바꾸기

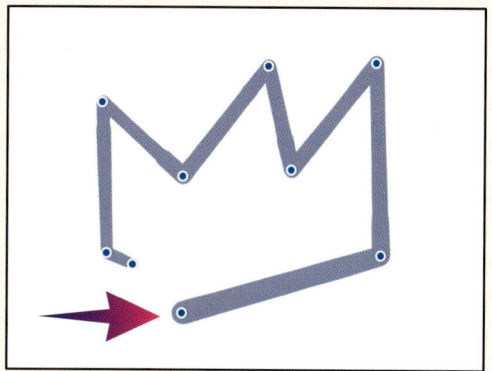

'폴리라인'으로 바꾸면 점과 직선으로 연결된 모양이 됩니다.

파란색 둥근 점(node)을 드래그하면 선을 자유롭게 옮길 수 있습니다. 이렇게 도형을 정확하고 깔끔하게 그려야 한다면 퀵 쉐이프 기능을 활용하세요.

Chapter 3 초고속 작업 시간 단축법
그리기 가이드로 편하게 그리기

빈 캔버스에 그리는 게 익숙하지 않을 때는 구도를 잡는 게 힘들 겁니다. 몇 번이든 고쳐서 그릴 수는 있겠지만 시간을 낭비하기 일쑤입니다. 프로크리에이트에서는 기준선이 있으면 좋겠다는 분을 위해 '그리기 가이드'가 제공됩니다. '그리기 가이드'를 활성화하면 캔버스 위로 기준선이 표시되는데 '2D 격자', '등거리', '원근', '대칭'의 방식으로 골라 쓸 수 있습니다. 심지어 '그리기 도움받기' 기능을 활성화하면 기준선에 맞춰서 깔끔하고 반듯하게 선을 그을 수 있습니다.

❶ 그리기 가이드 활성화하기

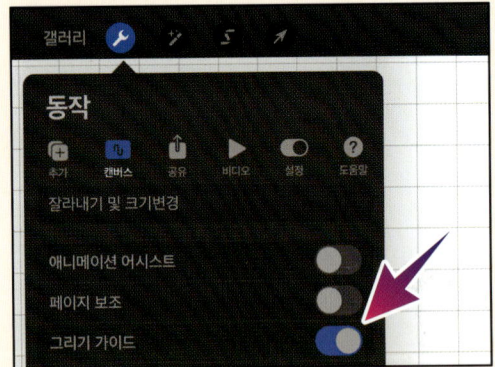

메뉴 좌측 상단에서 '동작' 아이콘을 탭 하고 '캔버스 > 그리기 가이드'를 켜 줍니다. 캔버스에 기준선이 표시되는데 기준선의 형태는 '그리기 가이드 편집'에서 변경할 수 있습니다.

❷ 그리기 가이드 편집하기

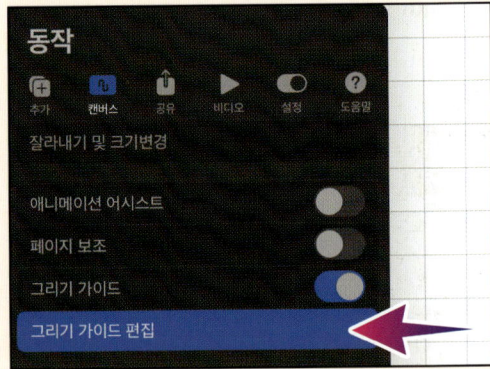

'그리기 가이드 편집'을 탭 하면 '2D 격자', '등거리', '원근', '대칭' 중에서 한 가지를 골라 쓸 수 있습니다.

2D 격자(grid)

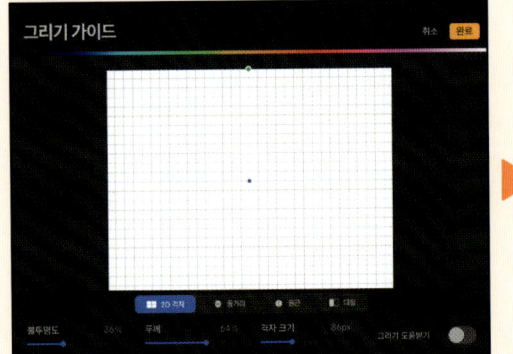

'2D 격자'를 선택하면 바둑판 모양의 기준선이 표시됩니다. 하단 패널에서 '불투명도', '두께', '격자 크기'를 설정할 수 있습니다.

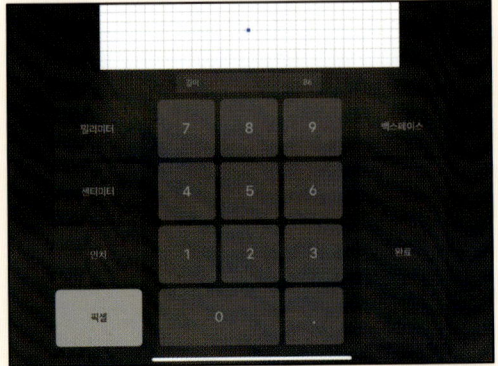

'격자 크기' 우측 상단의 숫자 부분을 탭 하면 격자의 크기와 단위를 설정할 수 있습니다. 원하는 크기를 지정한 다음 화면 우측 상단의 '완료'를 탭 합니다.

등거리(isometric)

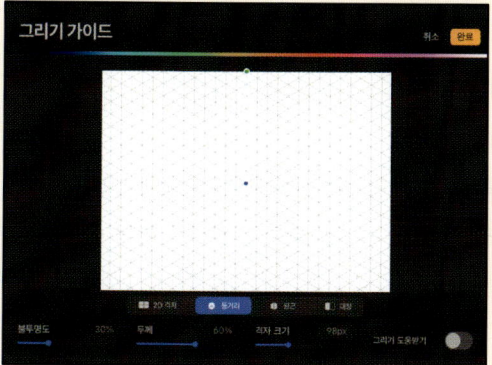

'등거리'를 선택하면 정삼각형 모양의 기준선이 표시됩니다. 60도로 기울어진 선을 그을 때 편리합니다.

원근(perspective)

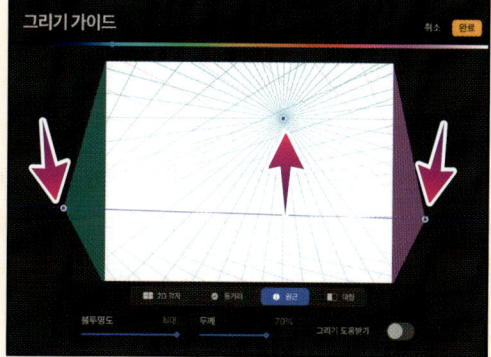

'원근'을 선택하면 소실점을 중심으로 기준선이 표시됩니다. 화면을 탭 하면 소실점이 생기고 최대 3개까지 만들 수 있습니다. '그리기 도움받기' 기능을 사용하면 원근법에 맞춰서 선을 쉽게 그을 수 있습니다.

대칭(symmetry)

 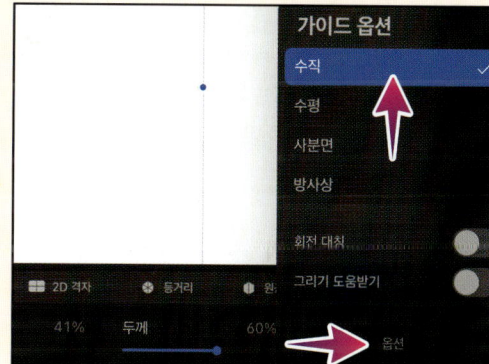

'대칭'은 기준선을 중심으로 한 쪽에 그림을 그렸을 때 다른 쪽도 똑같이 그려지는 기능입니다. 좌우가 같은 그림을 그리고 싶을 때 사용합니다.

우측 하단의 '옵션'을 탭 하면 '수직', '수평', '사분면(quadrant)', '방사상(radial)' 중에서 고를 수 있고 '회전 대칭(rotational symmetry)'을 활성화하면 파란색 둥근 점을 중심으로 대칭시켜 그립니다.

그리기 도움받기(assisted drawing)

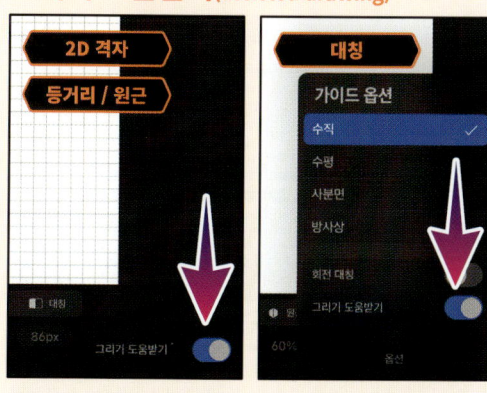

기준선에 맞춰서 쉽게 선을 그을 수 있습니다[1]. 사용이 끝난 후엔 메뉴 좌측 상단에서 '동작' 아이콘을 탭 하고 '캔버스 > 그리기 가이드 편집 > 그리기 가이드 도움 받기'와 '캔버스 > 그리기 가이드'를 비활성화합니다.

'그리기 가이드'는 기준선을 보여줄지 결정하는 설정이고

'그리기 도움받기'는 선을 따라 그을지 결정하는 설정입니다.

1. '2D 격자'는 만화의 컷 테두리를, '등거리'는 입체를, '원근'은 효과선을, '대칭'은 문양을 그릴 때 유용합니다. - 옮긴이

2D 격자 활용하기

'2D 격자' 가이드는 바둑판같은 기준선을 표시할 때 사용합니다. 전체적인 밸런스를 잡는데 도움이 되고 평면도처럼 직선을 많이 쓸 때 유용합니다. 기준선의 불투명도와 두께는 물론 격자의 간격과 단위도 조절할 수 있습니다.

기준선의 특징

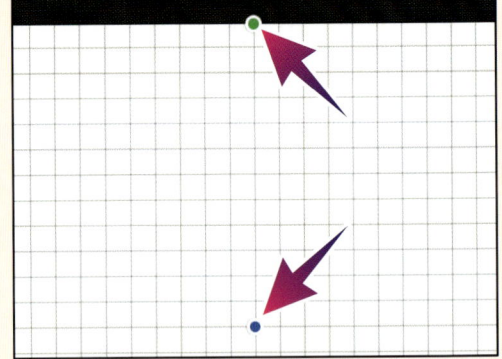

파란색 둥근 점을 드래그하면 기준선을 이동할 수 있습니다. 초록색 둥근 점을 드래그하면 파란색 둥근 점을 중심으로 기준선을 회전할 수 있습니다.

반듯하게 선 그리기

'그리기 도움받기'를 활성화하면 기준선을 따라서 선을 반듯하게 그을 수 있습니다. 각도도 쉽게 조절할 수 있어서 도면이나 배경을 그리는 데 유용합니다.

만화 테두리 그리기

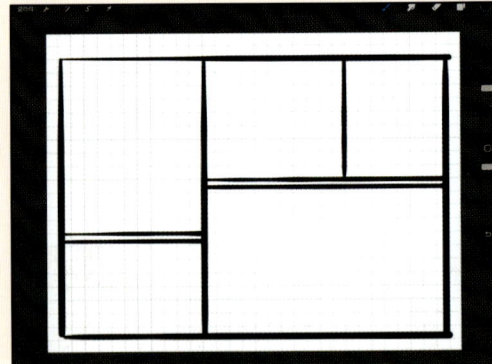

만화의 테두리를 그릴 때도 편리합니다. 러프하게 그린 선을 쉽고 빠르게 정리할 수 있습니다.

브러시와 상관없이 적용 가능

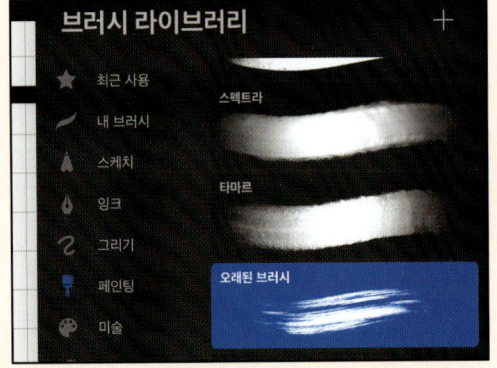

그리기 가이드는 모든 브러시에서 쓸 수 있습니다.

스튜디오 펜 같은 일반적인 브러시부터 다양한 효과를 주는 브러시까지 이것저것 써 보면서 시험해 보세요.

등거리 활용하기

'등거리' 가이드는 아이소메트릭(isometric)이라는 투시도법을 사용해서 기준선을 표시합니다. 입체를 쉽게 표현할 수 있어서 부감도[1]를 그릴 때 많이 사용됩니다. 게임에서도 흔히 볼 수 있는 앵글이기도 하죠.

기준선의 특징

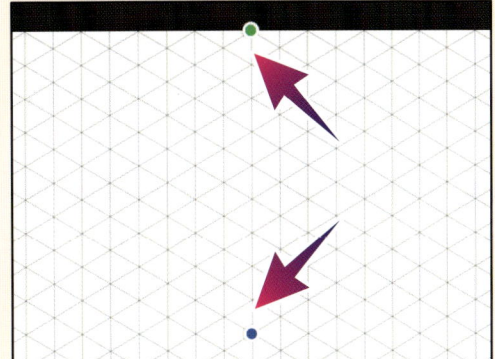

3차원 입체에서 90도인 축들을 2차원 평면에서 120도로 표현한 게 특징입니다. 격자무늬는 정삼각형을 여러 개 이어 붙인 모양입니다.

기준선 참고하기

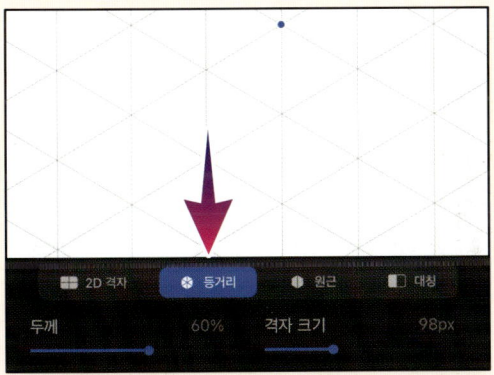

입체를 그릴 때는 '등거리' 가이드가 편리합니다. 기준선을 참고해서 선을 그으면 균형 잡힌 도형을 만들 수 있어요.

'그리기 도움받기' 활성화하기

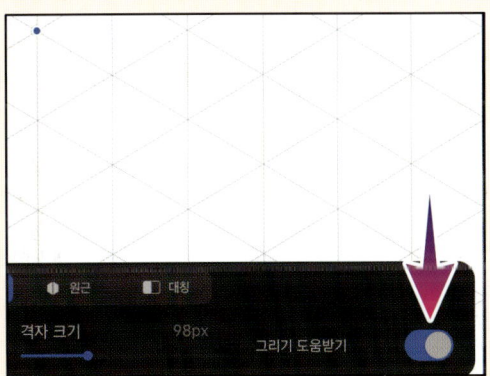

'그리기 도움받기'를 활성화하면 기준선을 따라서 선을 반듯하게 그을 수 있어요.

입체 그리기

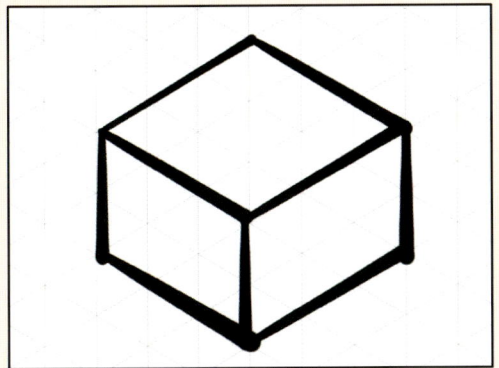

기준선에 맞춰서 선을 긋기만 하면 정교한 입체가 완성됩니다. 떨림 없이 깔끔하게 그려졌네요.

로고 디자인에 활용하기

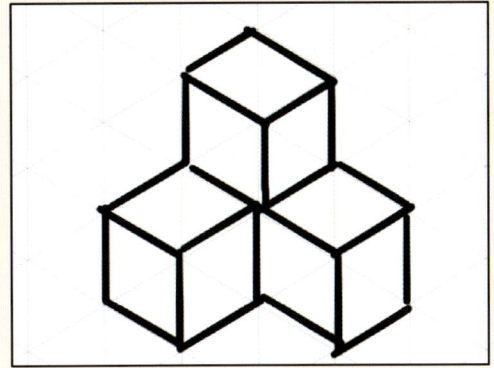

간단한 로고도 만들 수 있습니다. 각도가 일정하기만 해도 그럴듯한 모양이 만들어 집니다. 깔끔한 디자인에 추천합니다.

---

1. 부감도(俯瞰圖)는 높은 곳에서 내려다본 상태의 그림이나 지도를 의미합니다. - 옮긴이

원근 활용하기

'원근' 가이드는 캔버스 안팎에 소실점을 놓고 거기서 뻗어 나오는 선으로 기준선을 만듭니다.

기준선의 특징

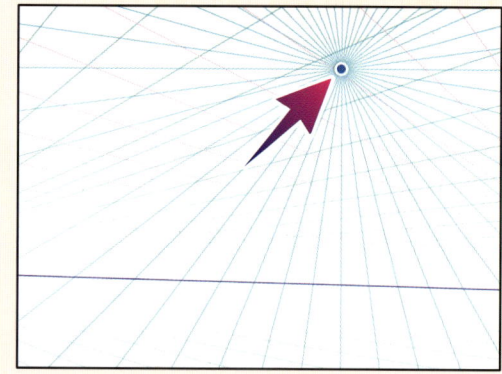

소실점에 가까울수록 기준선의 간격이 좁아지고, 멀수록 기준선의 간격이 넓어집니다.

소실점 설정하기

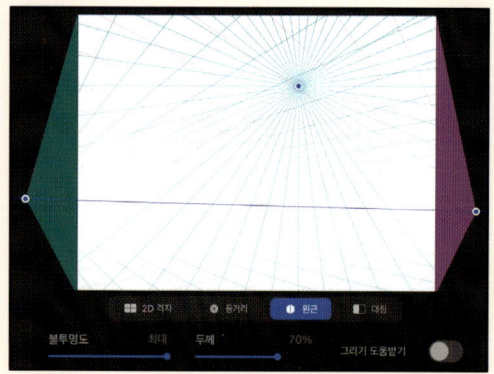

화면을 탭 해서 소실점을 만듭니다. 최대 3개까지 만들 수 있고 흰 화면 밖에도 둘 수 있습니다.[1]

'그리기 도움받기' 활성화하기

'그리기 도움받기'를 활성화하면 기준선을 따라서 선을 반듯하게 그을 수 있습니다. 이 예에서는 소실점을 2개만 사용했습니다.

건물 그리기

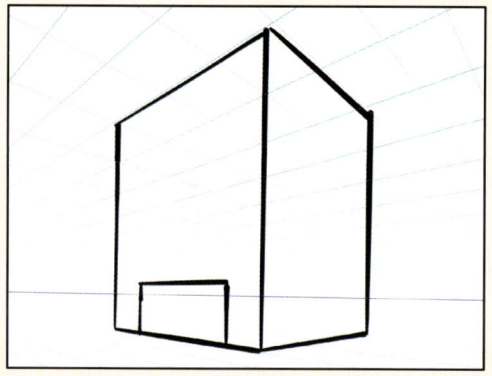

기준선에 맞춰서 선을 긋기만 해도 원근감이 살아있는 건물을 그릴 수 있습니다. 구도가 잘 못될 일도 없죠.

로우 앵글로 그리기

캐릭터의 배경에 건물을 그릴 때도 편리합니다. 소실점이 3개면 로우 앵글(low angle) 구도를 쉽게 그릴 수 있습니다. 꼭 한 번 시험해 보세요.

---

1. 소실점을 탭 하면 메뉴가 표시되고 '삭제'나 '선택'을 할 수 있습니다. - 옮긴이

대칭 활용하기

'대칭' 가이드는 기준선(점)을 중심으로 그림을 대칭시켜 그려줍니다. 좌우가 같은 그림을 그릴 때 많이 사용하죠. 다양한 대칭법을 선택할 수 있어서 소품을 그릴 때 유용합니다.

기준선의 특징

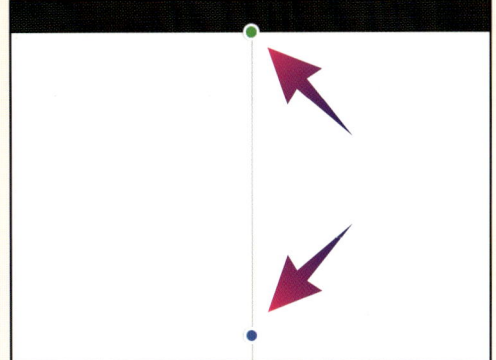

'옵션'에서 대칭 방법을 선택할 수 있는데 '수직' 대칭이 기본입니다. '회전 대칭'을 선택하면 파란색 둥근 점을 기준으로 그려집니다. '그리기 도움받기'는 '옵션' 안에서 활성화할 수 있습니다.

좌우 대칭으로 그림 그리기

'수직' 가이드에서는 좌우 어느 쪽이든 한쪽에 그림을 그리면 기준선 반대편에도 똑같이 그려집니다. 문양처럼 대칭되는 그림을 그릴 때 도움됩니다.

얼굴을 정면으로 그리기

얼굴을 정면으로 그릴 때 좌우 균형을 쉽게 잡을 수 있습니다. 러프를 그릴 때 '그리기 도움 받기'를 활용한 다음 선화를 그릴 때 다듬어 보세요.

옵션 선택하기

'옵션'에는 '수직' 가이드 외에도 '수평', '사분면', '방사상' 가이드를 선택할 수 있습니다. '회전 대칭'은 파란 둥근 점을 기준으로 점 대칭으로 그릴 때 사용합니다.

레이스 문양 그리기

'방사상' 가이드에서 '회전 대칭'을 끄면 위와 같은 문양을 그릴 수 있습니다. 다양한 문양을 미리 만들어 두고 일러스트를 그릴 때 패턴으로 활용하세요.

Chapter 3 초고속 작업 시간 단축법
필터 효과로 빠르게 연출하기

완성한 것 같은데 뭔가 부족한 느낌이 든다면 내장된 필터를 활용해 보세요. 빛을 조절하고 노이즈를 넣는 등 다양한 효과를 연출할 수 있습니다. 심지어 필터를 적용하는 강도도 직관적으로 조절할 수 있죠. 디지털 페인팅의 장점을 살려서 쉽고 빠르게 작품을 완성하세요[1].

필터 활용하기

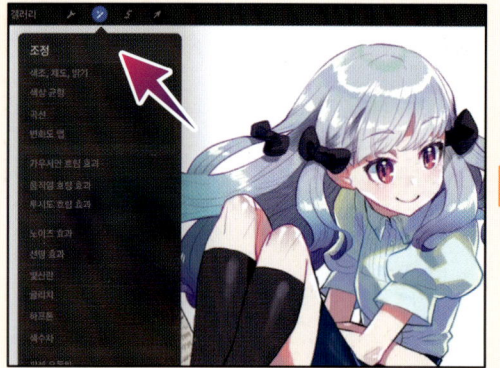

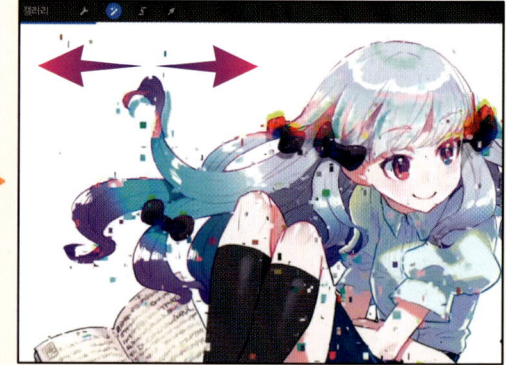

메뉴 좌측 상단의 '조정' 아이콘을 탭 합니다. 이 책에서는 '빛산란', '글리치', '하프톤', '색수차'에 대해서 살펴봅니다.

필터의 적용 강도는 화면을 좌우로 드래그해서 조절합니다. 마음에 드는 결과가 나올 때까지 이리저리 시험해 보세요.

❶ 빛산란(bloom)

'빛산란'은 경계에서 빛이 새어 나와 은은하게 퍼지는 것 같은 효과를 냅니다. '전환효과', '크기', '번'으로 조절합니다.

좌우 드래그로 적용 강도를 조절합니다. 다양하게 연출하며 최적의 조합을 찾아보세요.

---

1. 선택 툴로 범위를 지정하면 제한된 범위에만 효과를 줄 수 있습니다. - 옮긴이

❷ **글리치**(glitch)

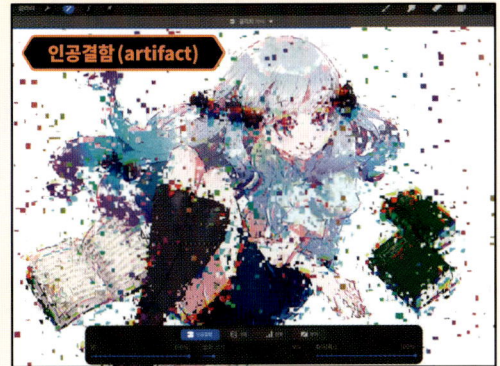

'글리치'는 화면을 파괴하는 필터로 네 가지 방식이 준비되어 있습니다. 그중에서 '인공결함'은 블록 모양의 노이즈를 화면 위에 흩뿌린 것 같은 효과를 냅니다. '양', '블록 크기', '확대/축소'로 조절합니다.

'파동'은 파도처럼 흔들리는 노이즈로 화면이 왜곡된 것 같은 효과를 냅니다. '진폭'은 파도의 너비를, '주파수'는 파도의 빈도를, '확대/축소'는 파도의 크기를 결정합니다.

'신호'는 방송 상태가 좋지 않을 때 노이즈가 낀 것 같은 효과를 냅니다. 블록 모양과 가로 막대 모양의 노이즈가 표시되는데 '인공결함' 효과처럼 '양', '블록 크기', '확대/축소'로 조절합니다.

'분기'는 겹쳐서 보여야 할 RGB 컬러가 조금씩 틀어져서 보이는 효과를 냅니다. '적색 이동', '녹색 이동', '청색 이동'과 같이 색깔별로 이동 폭을 조절합니다.

❸ **하프톤**(halftone)

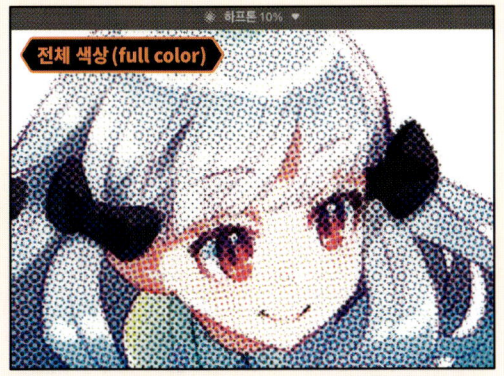

'하프톤'은 점으로 화면을 그리는 필터로 '전체 색상', '화면 프린트', '신문'의 세 가지가 있습니다. 그중에서 '전체 색상'은 원화를 배경에 깔고 배색 정보로 점무늬 노이즈를 만들어 냅니다.

'화면 프린트'는 원화 정보도 포함해서 점무늬 노이즈를 만들어 냅니다. 그래서 배경에 흰색이 살짝 비칠 수 있습니다. 출력물의 느낌이 나고 인쇄할 때 발생하는 모아레(moire)[1] 현상도 재현할 수 있습니다.

---

1. 일정한 간격의 무늬를 여러 번 겹쳤을 때 나타나는 또 다른 패턴의 간섭무늬입니다. - 옮긴이

'신문'은 그레이 스케일의 점으로 화면을 표현합니다. 신문을 인쇄하는 것처럼 망점 효과를 낼 수 있습니다.

코믹북 만화의 스크린 톤(screen tone)[1] 느낌으로 표현할 수 있습니다.

❹ 색수차(chromatic aberration)

'색수차'(p. 135)는 빛이 렌즈를 통과할 때 굴절률의 차이로 인해 색이 분리되는 현상을 말합니다. 화면이 떨리는 것처럼 연출하고 싶을 때 사용합니다. '원근'과 '옮겨놓기'의 두 가지 방식이 있습니다.

'원근(perspective)'은 회색 둥근 점을 초점으로 색수차를 만듭니다. '전환효과(transition)'와 '묽음 감소(fall off)'로 조절할 수 있습니다. 회색 둥근 점을 드래그하면 초점을 옮길 수 있습니다.

필터를 잘 쓰면 짧은 시간에 멋진 결과를 만들 수 있습니다.

'옮겨놓기(displace)'는 원화를 중심으로 화면을 드래그한 반대 방향으로 색수차를 만듭니다. '흐림 효과(blur)', '불투명도(transparency)'로 조절할 수 있습니다.

---

1. 흑백 출판 만화 원고에서 음영 표현이나 각종 효과를 넣기 위해 종이 위에 붙여 쓰던 접착식 필름입니다. 망점이나 효과선이 인쇄되어 있어서 필요한 만큼 잘라 붙이고 인쇄된 표면을 칼로 긁어 효과를 만듭니다. - 옮긴이

Chapter 4
다양한 응용 방법

Chapter 4 다양한 응용 방법

그리자유 스타일로 그리기

이번 예제는 그리자유(grisille)[1] 기법으로 음영을 먼저 그리고 색을 뒤에 입혀 보겠습니다. 색을 칠하면서 음영도 함께 고려해야 하는 유화 스타일(p. 102)이 어려운 분에게는 음영과 채색을 분리해서 작업하는 그리자유 방식이 더 수월할 수 있습니다. 음영을 넣을 때는 회색 점토로 피겨를 만든다는 생각으로 그려보세요. 실수하지 않고 자연스럽게 그려 넣을 수 있을 겁니다.

❶ 선화 그리기

밑그림과 러프를 그리는 과정은 생략합니다. 밑그림 레이어(레이어 1, 2)를 숨깁니다. 러프 레이어(레이어 3, 4)의 불투명도를 낮추고 그 위에 선화 레이어(레이어 5)를 얹습니다.

❷ 채색 준비하기

전신을 그릴 때는 러프를 그릴 때보다 가는 선을 씁시다. '마왕 유화 스타일 브러시'(p. 069)를 사용하고 두께는 1~2%로 설정합니다. 선화(레이어 5, 6)가 완성되면 '3단계: 색칠하기(p. 046)'의 과정처럼 밑색을 칠할 준비를 합니다[2].

❸ 회색 채우기

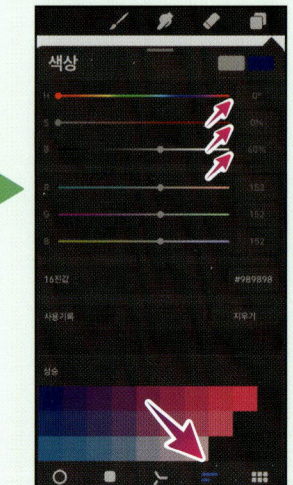

색상, 채도, 명도를 조절해서 무채색을 만듭니다.

H(색상) = 아무 값
S(채도) = 0%
B(명도) = 60%

밑색 레이어(레이어 7)를 추가합니다. 색상 패널 하단에서 '값'을 탭 합니다. 색상 'H'는 뭐든 상관없고 채도 'S'는 0%, 밝기 'B'는 60%로 설정합니다. 회색 계열의 무채색을 선택하고 채색할 범위를 컬러 드롭으로 채워주세요.

---

1. 회색톤으로 입체감을 먼저 넣는 기법을 그리자유(grisille), 그 위에 투명하게 색을 입히는 기법을 글레이징(glazing)이라고 합니다. - 옮긴이
2. 레이어 6은 대나무 지팡이를 구체화하기 위한 가이드 레이어입니다. 레이어 5에서 기본적인 선화를 그리다가 복잡한 소품을 그릴때는 가이드용 레이어를 따로 만듭니다. 충분히 구체적인 모양이 나오면 선화 레이어로 돌아와서 선을 땁니다. - 옮긴이

❹ 밑색 다듬기

그리자유 스타일은 처음엔 작업하기 지루할 수 있지만 채색이 시작되면 재미있습니다.

회색으로 밑색이 채워지면 선화 주위로 덜 채워지거나 넘친 부분이 있는지 살펴봅니다. 누락된 부분은 더 칠하고 넘친 부분은 지워줍니다. 나중에 음영을 넣은 후엔 수정하기 힘들 수 있으니 이 단계에서 꼼꼼하게 정리해 주세요.

❺ 음영 넣기

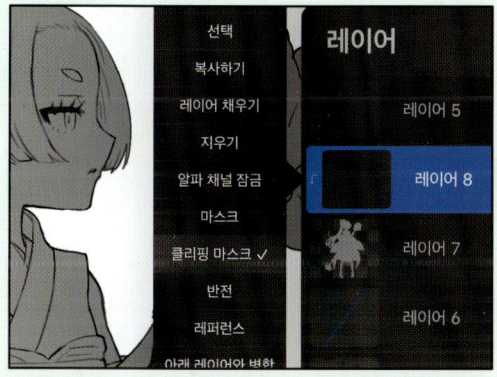

밑색이 완료되면 밑색 레이어(레이어 7)에 '알파 채널 잠금'을 합니다. 실수로 다른 영역을 칠하지 않기 위해서인데요. 이어서 음영 레이어(레이어 8)를 밑색 레이어(레이어 7) 위에 추가한 다음 '클리핑 마스크'를 걸어 줍니다.

채도 S는 0%로 놔두고 밝기 B만 40%로 맞춰서 조금 더 진한 회색을 만듭니다. 이 색으로 음영을 넣습니다. 레이어의 블렌드 모드는 '보통' N으로, 브러시는 '마왕 유화 스타일 브러시'를 사용합니다.

빛이 닿는 반대쪽의 어두운 부분 '음(陰)'과 사물이 빛을 가려 생기는 그림자 '영(影)'을 의식하면서 음영을 넣습니다. 이번 예제에서는 턱 아래가 어두운 '음'이고 목 아래 옷깃 주변이 머리로 그늘진 '영'입니다.

피겨나 석고상을 상상하며 그려보세요. 피부, 머리카락, 의상과 같은 파츠와 상관 없이 칠하는 게 요령입니다. 이 단계에서는 밑색보다 밝은 곳은 칠하지 않습니다. 지금은 밑색보다 어두운 곳만 칠해주세요.

❻ 오버레이로 고유색 칠하기

오버레이만 잘 활용해도 채색하기 편해집니다.

음영 레이어(레이어 8) 위에 고유색 레이어(레이어 9)를 추가합니다. 블렌드 모드는 '오버레이' O를 선택합니다. '클리핑 마스크'를 설정하고 피부색을 고른 다음 레이어 전체에 컬러 드롭합니다.

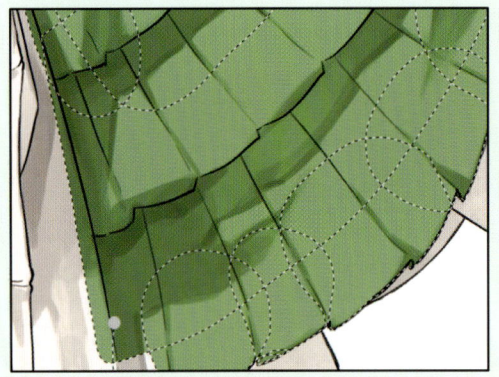
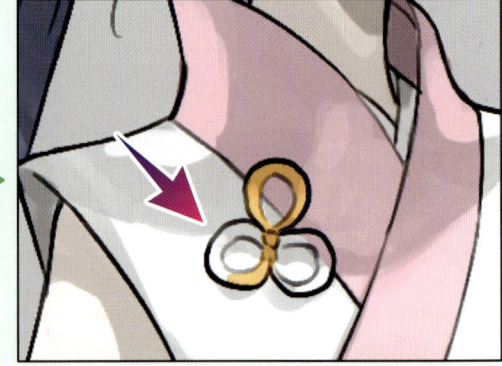

'오버레이'(p. 077)는 밝은 곳에서 '스크린' 효과를, 어두운 곳에서 '곱하기' 효과를 주면서 명암에 생동감을 줄 수 있습니다. 브러시와 선택 툴을 잘 활용해서 머리카락이나 의상과 같은 주요 파츠 곳곳에 고유색을 하나씩 칠해 주세요.

이어서 세부 파츠를 채색합니다. '배경 색상' 레이어를 회색으로 칠하면 채색이 안된 곳을 쉽게 찾을 수 있습니다. 화면을 확대해서 색칠한 다음 화면을 축소해서 밸런스를 확인합니다. 이 과정을 반복하면서 덜 칠한 곳이 있나 체크합니다.

❼ 음영을 화사하게 보정하기

기본적인 고유색이 채색되었습니다. 전체적인 색감이 탁한 느낌인데요. 화사하게 보이도록 보정합시다. 고유색 레이어(레이어 9) 위로 보정 레이어(레이어 10)를 추가하고 '클리핑 마스크'를 적용합니다.

보정 레이어(레이어 10)의 블렌드 모드를 '오버레이' O로 설정하고 짙은 빨간색(H: 341°, S: 93%, B: 62%)을 레이어 전체에 컬러 드롭합니다.

❽ 불투명도 조정하기

붉은 색감이 너무 강해 보이네요. 보정 레이어(레이어 10)의 불투명도를 20%로 낮춰줍시다.

상당히 자연스러운 색감이 되었습니다. 피부와 분홍색 의상에서 음영을 넣은 부분이 조금 더 화사하게 보이는 걸 알 수 있습니다.

❾ 파츠별로 색감 조정하기

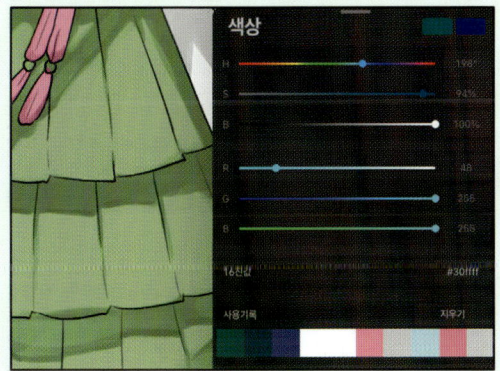
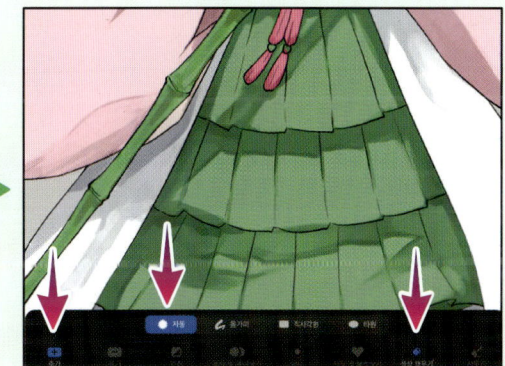

아직 머리카락과 초록색 의상이 탁한 느낌입니다. 보정 레이어(레이어 10)에서 머리카락은 짙은 파란색(H: 232°, S: 94%, B: 100%), 초록색 의상은 짙은 초록색(H: 198°, S: 94%, B: 100%)으로 보정합시다.

고유색 레이어(레이어 9)를 '레퍼런스'로 설정하고 보정 레이어(레이어 10)를 선택합니다. 선택 툴에서 '자동', '색상 채우기'를 선택하고 머리카락에는 짙은 파란색을, 초록색 의상에는 짙은 초록색을 칠해 줍니다.

❿ 탁한 부분 보완하기

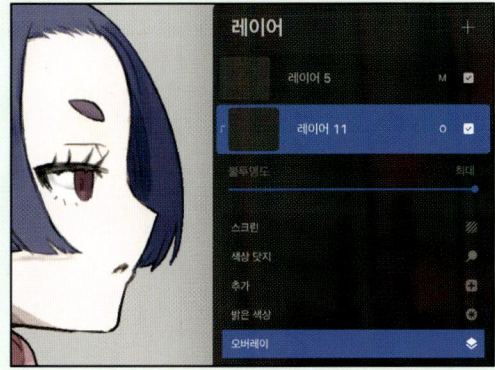

여전히 피부색이 탁하게 보이네요. 보정 레이어(레이어 11)를 추가하고 썸네일을 탭 한 다음 옵션 메뉴에서 '클리핑 마스크'를 설정합니다. 이어서 레이어의 블렌드 모드를 '오버레이' O로 설정합니다. 피부를 화사하게 보정합시다.

브러시는 '소프트 브러시'를, 두께는 3~5% 정도로 설정합니다. 색이 뭉치지 않게 살짝 얹어 준다는 느낌으로 색칠해 주세요. 주변 색에 맞춰서 난색과 한색을 구분해서 쓰는 게 요령입니다.[1]

1. 붉은색이 감돌고 따뜻한 느낌이 나는 게 난색(暖色), 푸른색이 감돌고 차가운 느낌이 나는 게 한색(寒色)입니다. - 옮긴이

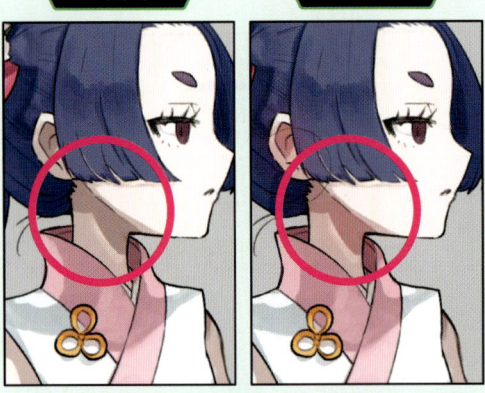
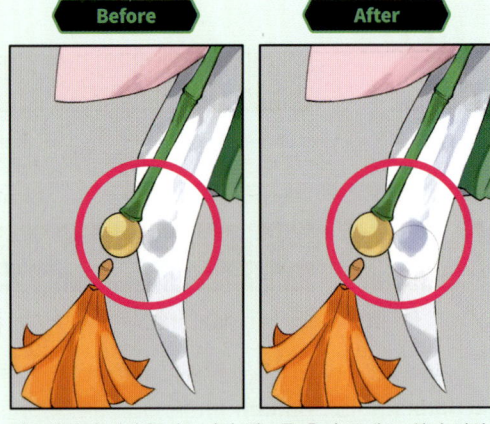

목과 귀의 어두운 부분에 난색을 얹어봅시다(레이어 11). 캐릭터의 혈색이 돌면서 한층 더 매력적으로 보일 겁니다. 상황에 맞게 브러시의 크기와 필압을 조절하면서 부드러운 터치로 칠해주세요.

필요하다면 색상을 바꾸거나 채도를 올려 주세요. 하얀 의상 위로 드리운 그림자에는 한색을 입혀봅시다. 좀 더 그럴듯한 느낌이 날 거예요(레이어 11).

⓫ 디테일한 부분 보완하기

전체적인 색감이 보정된 후엔 더 디테일한 부분을 수정하기 위해 레이어(레이어 12 ~ 21)를 추가합니다. 세부적인 부분을 보완하면서 하이라이트, 그러데이션 등을 추가합시다.

윤곽선을 강조하고 미세한 부분까지 꼼꼼하게 채색합니다(레이어 12). 필요하면 추가로 음영을 넣습니다(레이어 14). 디테일이 살아 있을수록 전체적인 완성도는 높아집니다.

하이라이트가 들어가는 주요 포인트는 머리카락과 빛이 반사되는 소품, 눈동자 등입니다(레이어 13). 그리자유 스타일은 음영을 잘 다루는 게 중요한데요. 하이라이트가 추가되면서 더 생생한 느낌을 줄 수 있습니다.

그러데이션 레이어를 추가합니다. 옷깃(레이어 15, 16)과 머리카락(레이어 17)에 에어브러시를 뿌리고 선화는 컬러 트레이스로 처리합니다(레이어 18). 눈동자와 얼굴을 보완하고(레이어 19, 20) 치마에 무늬를 넣어 줍니다(레이어 21).

⑫ 배경 추가하기

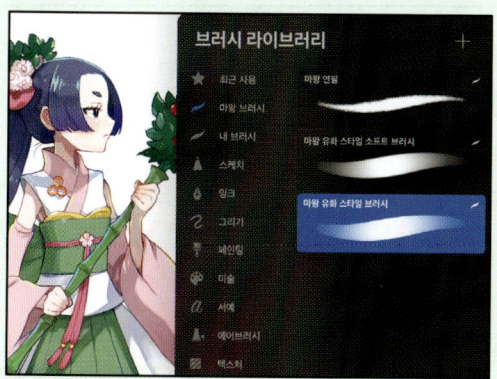

배경도 그리자유 스타일로 그립니다. '마왕 유화 스타일 브러시'로 대나무 숲을 그려주세요. 먼저 무채색으로 그린 다음 (레이어 22) '오버레이'로 색을 입혀줍니다(레이어 23). 같은 기법으로 마무리하면 일관된 느낌을 줄 수 있습니다.

숲을 그리고 캐릭터 주변을 지우개로 깎아 줍니다. 지우개는 질감이 적은 브러시(마왕 유화 스타일 브러시)를 사용합니다. 캐릭터를 돋보이게 하고 배경을 보완하면 완성입니다(레이어 24, 25).

Before

After

음영은 그대로 두고 색감만 바꿀 수 있다는 게 이 기법의 특징입니다.

p. 019

Chapter 4 다양한 응용 방법

유화 스타일로 그리기

유화 스타일[1]은 여러 색을 덧칠해서 심도 깊은 색감을 내기 위한 기법입니다. 색상이 여러 겹 얹어지면서 입체감과 중후함이 만들어지고 브러시의 터치감도 느낄 수 있습니다. 어디에 빛이 닿고 그림자가 생기는지, 어디에 무슨 색을 칠하는 게 어울리는지 하나하나 의식하면서 따라서 그려 봅시다.

❶ 밑그림, 러프, 선화 레이어 추가하기

먼저 밑그림(레이어 1)과 러프(레이어 2)를 그려줍니다. 러프 레이어(레이어 2)의 불투명도를 20%로 낮춘 다음 그 위에 선화 레이어(레이어 3)를 추가합니다.

❷ 선화용 브러시 선택하기

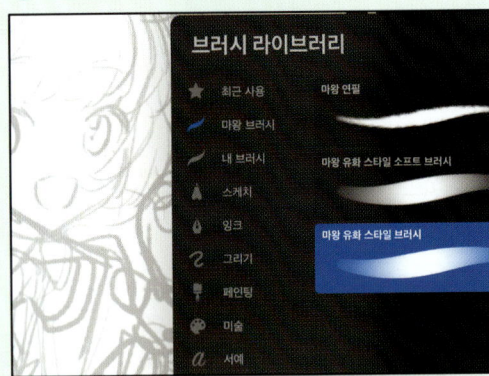

선화용 브러시로 '마왕 유화 스타일 브러시'를 선택합니다. 질감 있는 브러시로 선을 그으면 나중에 채색할 때 깔끔하게 색상이 입혀지지 않습니다. 선화에는 획이 깔끔하고 질감이 거의 없는 브러시를 사용하세요.

❸ 가이드와 선화 그리기

러프를 구체화하기 위해 가이드 레이어(레이어 4)를 추가합니다. 의상이나 소품의 복잡한 부분은 선화와 다른 색으로 그려주세요. 요술봉처럼 쭉 뻗은 직선을 그려야 할 때는 퀵 쉐이프 기능(p. 031)을 활용합시다.

가이드를 참고해서 선화 레이어(레이어 3)를 보완합니다. 상황에 맞게 브러시 크기를 조절하세요. 유화 스타일에서는 선화가 거칠어도 괜찮습니다. '수평 뒤집기'(p. 081)로 균형을 확인하고 '픽셀 유동화'(p. 082)로 다듬어 줍니다.

---

1. 유화나 아크릴화처럼 불투명도가 높은 색을 여러 겹 덧칠하기 때문에 영어로 'thick painting', 일본어로 '厚塗り'라 합니다. 한국어 자료에선 이것을 직역하여 '두껍게 칠하기'라고도 합니다. - 옮긴이

❹ 고유색 레이어 추가하기

선화 레이어(레이어 3) 아래에 고유색 레이어(레이어 5)를 추가합니다. 색상 패널에서 눈에 잘 띄는 색(이 예에서는 분홍색)을 골라 밑색으로 사용합시다.

메뉴 좌측 상단의 '선택' 아이콘을 탭 하고 하단의 패널에서 '올가미', '추가', '색상 채우기'를 선택합니다. 올가미로 채색할 범위를 추가하며 밑색을 채웁니다(p. 049). 밑색이 채워지면 '알파 채널 잠금'을 걸어줍니다.

❺ 파츠별로 고유색 칠하기

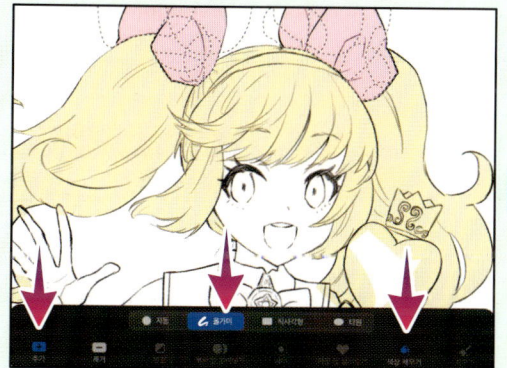 

같은 방법으로 파츠별 고유색을 밑색 위에 입혀줍니다.[1]

채색이 잘 되었나 확인하기 위해 '배경 색상' 레이어를 회색으로 바꿉니다. 컬러풀한 이미지는 무채색 배경에서, 무채색 이미지는 컬러풀한 배경에서 도드라져 보입니다.

 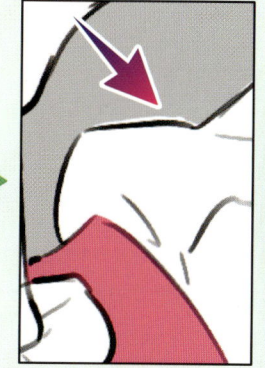

모든 파츠에 고유색이 채워지면 빠진 곳은 없는지 다시 한번 확인합니다.

색이 덜 찬 곳은 브러시로 그리고, 색이 넘친 곳은 지우개로 지웁니다. 이 과정이 깔끔하게 정리되어야 최종적인 결과물도 예쁘게 나옵니다.

---

1. 이 예제에서는 밑색 레이어와 고유색 레이어를 구분하지 않고 고유색 레이어에 밑색을 먼저 칠하고 그 위에 고유색을 얹었습니다. - 옮긴이

❻ 음영 넣기

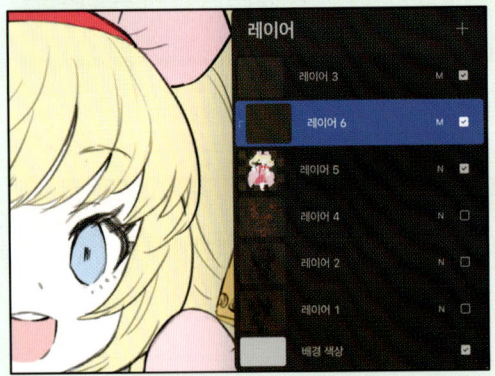

고유색 레이어(레이어 5) 위로 음영 레이어(레이어 6)를 추가합니다. 블렌드 모드는 '곱하기' M으로 설정하고 '클리핑 마스크'를 적용합니다.

광원을 기준으로 각 파츠의 아래나 뒤, 다른 사물로 가려지는 부분에 음영을 넣습니다. 음영색이 정해진 곳부터, 브러시 크기를 조금씩 줄이면서 칠해줍니다. 대담하게 칠하되 누락되거나 과하지 않게 균형을 살피는 게 중요합니다.

브러시의 크기를 줄이고 음영색보다 조금 더 어두운 색을 선택합니다. 이번에는 음영의 경계선을 그려줍니다.

음영의 경계를 지우개나 브러시로 다듬습니다. 완성도가 조금 더 높아 보일 겁니다.

❼ 컬러 트레이스 적용하기

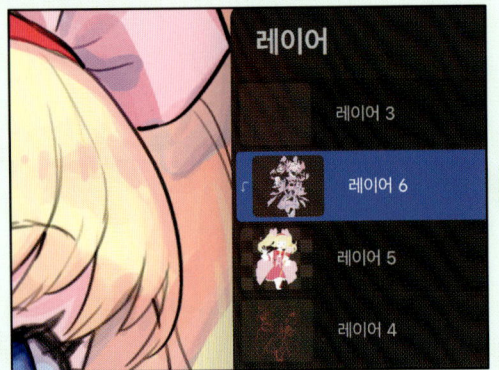
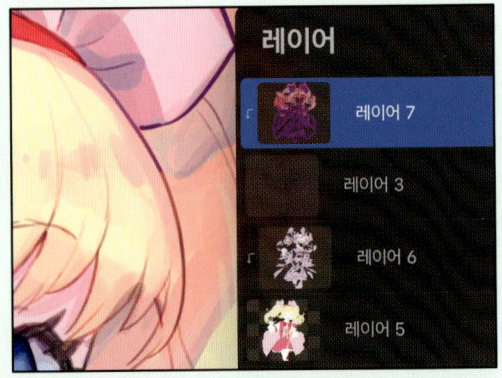

일반적으로 검은색이나 회색 같은 무채색이 많으면 전체적인 느낌이 탁해질 수 있습니다. 이런 느낌을 보완하기 위해서 선화에 색을 입히는 컬러 트레이스(p. 057)를 적용합시다.

선화 레이어(레이어 3) 위에 컬러 트레이스 레이어(레이어 7)를 추가합니다. '클리핑 마스크'를 설정한 다음 적절한 색을 올려 자연스러운 느낌으로 보완합니다.

❽ 레이어 병합하기

채색한 레이어(레이어 3, 5, 6, 7)를 그룹으로 만듭니다(p. 033). 그룹(새로운 그룹)을 왼쪽으로 스와이프 해서 '복제' 한 다음 하나의 레이어로 '병합'합니다(레이어 5)[1]. 남은 그룹 (새로운 그룹)은 백업입니다. 체크박스를 끄고 숨겨줍니다.

❾ 병합 레이어 보정하기

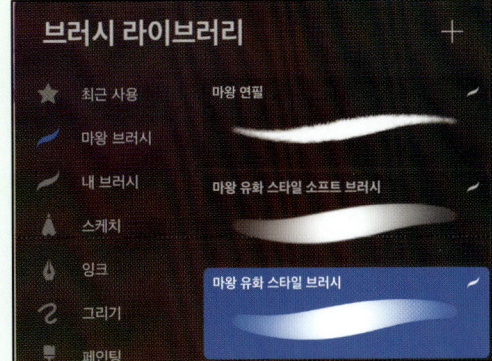

병합된 레이어(레이어 5)의 이름을 '병합 레이어'로 변경하고 추가 보정합니다. 사용할 브러시는 '마왕 유화 스타일 브러 시'입니다. 유화 스타일로 그릴 때는 질감이 없는 브러시를 추천합니다.

스포이드툴로 색상을 선택합니다. 주변 색을 뽑아 쓰면 위화 감이 덜하고 자연스러운 느낌으로 연출할 수 있습니다.

음영을 넣을 때 대담하게 칠한 부분을 지우개로 깎으면서 다 듬어 줍니다. 주선(main line)이 약한 느낌이라면 브러시로 덧칠해서 보완합니다. 각각의 레이어에서 미처 하지 못했던 디테일한 부분까지 보완합니다.

Before

스포이드툴로 머리 색을 추출하고 음영이 넘친 곳에 덧칠합 니다. 브러시의 크기와 색상을 조절하면서 자연스럽게 보이 도록 보정합니다.

After

주선은 뚜렷하게 덧칠해서 정밀도를 높입시다. 반대로 음영 의 경계선은 살짝 흐리게 만들어서 부드러운 느낌으로 정리 합니다.

---

1. 여러 레이어를 병합하면 가장 아래 레이어의 이름이 병합된 레이어의 이름이 됩니다. - 옮긴이

선화를 참고하면서 주선을 정리합시다. 대담하게 대충 칠한 음영도 이 단계에서 깔끔하게 다듬어 줍니다. 채색하다 빠진 곳은 없는지 꼼꼼하게 살펴봅니다.

끊어진 주선을 연결하고 음영의 경계선을 살짝 흐리면서 정밀도를 높여줍니다. 이 예제는 비교적 주선이 잘 보이는 편인데요. 주선을 조금 더 흐리게 처리하면 무테 일러스트처럼 만들 수도 있습니다.

❿ 하이라이트 레이어 추가하기

어느 정도 보정이 완료되면 하이라이트를 넣거나 세부 보정을 합니다. 필요한 만큼 레이어(레이어 10 ~ 13)를 추가하고 '클리핑 마스트'를 적용합니다.

하이라이트(레이어 10)와 홍조(레이어 11)를 넣습니다. 눈동자의 하이라이트는 발랄한 색으로 큰 점을 찍은 다음 그 위에 흰색으로 작은 점을 얹어서 반짝이는 느낌을 만들어 줍니다(레이어 12). 이어서 눈동자에 명암을 넣습니다(레이어 13).

⓫ 배경 추가하기

캐릭터가 완성되었습니다. 다음은 배경 색상 레이어를 하늘색으로 바꿔줍시다. 물방울무늬를 넣기 위해 배경 레이어(레이어 14)를 추가합니다.

배경 레이어(레이어 15)를 하나 더 추가하고 노란색 사각형을 퀵 쉐이프로 그립니다. 적당한 위치에 적당한 크기로 배치한 다음 경쾌하고 발랄하게 꾸며줍시다.

Before

깊은 색감을 내고 싶거나
선화가 어려운 분에게
이 기법을 추천합니다.

After

p. 020

Chapter 4 다양한 응용 방법

GtC 스타일로 그리기

GtC 스타일은 'Grayscale to Color'를 줄인 말로 제가 고안한 채색 기법입니다. 그리자유 스타일(p. 096)과 유화 스타일(p. 102)의 장점을 조합한 기법으로 일본뿐만 아니라 해외에서도 잘 활용되고 있습니다. 음영과 채색의 자유도가 높고 디테일한 보정도 할 수 있습니다. 너무 어렵게 생각하지 말고 우선은 하나씩 따라 해 볼까요?

❶ 러프 그리기

이번 예제는 상반신 러프(레이어 2)로 시작합니다. 고깔모자와 어깨 문양, 마법 지팡이 등 그리기에 재미있는 포인트가 몇 군데 있습니다.

❷ 선화 다듬기

러프 레이어(레이어 2)의 불투명도를 낮추고 선화 레이어(레이어 3)를 추가합니다.

'마왕 유화 스타일 브러시'로 선을 땁니다.

이번 예제에서는 유화 스타일처럼 선을 숨기는 대신 잘 보이도록 드러낼 겁니다[1]. 선화를 깔끔하게 그려줍시다.

---

1. 선화가 드러나지 않게 그리는 방식을 한국에서는 '무테', '반무테'라고 부릅니다. - 옮긴이

그리기 가이드로 작업 시간 줄이기

지팡이와 문양을 그릴 때는 '그리기 가이드'를 활용합니다. 메뉴 좌측 상단에서 '동작 > 캔버스 > 그리기 가이드'를 활성화하고 '그리기 가이드 편집'을 탭 합니다. 하단 패널에서 '대칭'을 선택하고 기준선의 위치와 각도를 조절합니다.

이제 그림을 그리면 기준선 반대편도 똑같이 그려집니다(p. 091). 마법 지팡이와 어깨의 문양(레이어 3, 4)을 그립니다[1]. 가이드를 끌 때는 '그리기 가이드'를 비활성화하고 '그리기 도움 받기'까지 꺼줘야 합니다.

❸ 밑색 칠하기

선화가 완성되면 선화 레이어(레이어 3) 아래에 밑색 레이어(레이어 6)를 추가합니다.

옅은 회색(H: 아무 값, S: 0%, B: 80%)을 준비하고 캐릭터의 채색 범위에 밑색을 깔아줍시다.

메뉴 좌측 상단의 '선택' 아이콘을 탭 하고 하단의 패널에서 '올가미', '추가', '색상 채우기'를 선택합니다. 이번 예제에서는 올가미로 큰 범위를 잡아 대충 칠해준 다음 불필요한 부분을 지워보겠습니다.

GtC 스타일은 상당히 직관적이고 활용하는 방법도 간단합니다.

---

[1]. 어깨 문양은 가이드 레이어(레이어 4)에서 구체화한 다음 레이어 3에서 활용하고 있습니다. 실제로 어떻게 작업되었는지 확인하려면 메뉴 좌측 상단 '동작' 아이콘을 탭 하고 '비디오 > 타임랩스 다시 보기'를 참고하세요. - 옮긴이

❹ 배경색 바꾸기

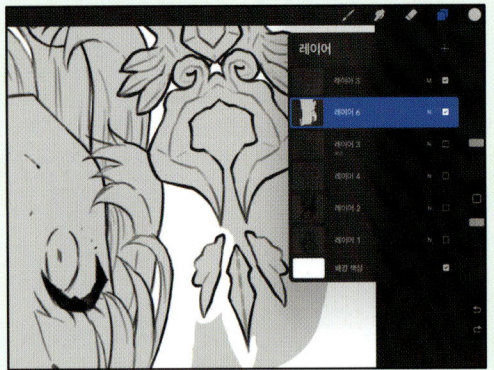

불필요한 부분을 지우개로 지웁니다. 손이 움직이기 편한 방향으로 화면을 돌려가며 작업합니다(p. 034).

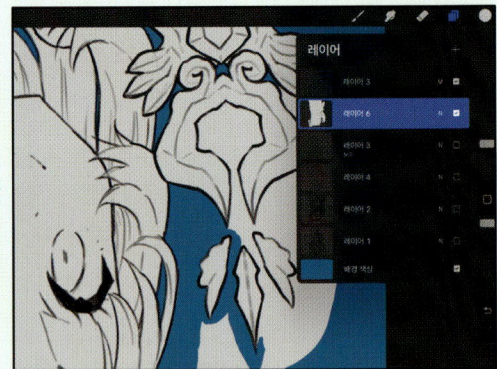

바탕이 흰색이면 회색을 지울 때 눈에 잘 띄지 않을 수 있습니다. 그럴 때는 '배경 색상' 레이어를 탭 한 다음 눈에 잘 띄는 색상으로 바꿔줍시다. 그러면 남기는 부분 없이 깔끔하게 정리할 수 있을 겁니다.

❺ 음영 넣기

밑색 레이어(레이어 6)에 '알파 채널 잠금'을 걸어 줍니다. 그 위로 음영과 하이라이트를 넣기 위한 레이어(레이어 7)를 추가하고 '클리핑 마스크'를 걸어줍니다.

밑색보다 진한 회색(H: 아무 값, S:0%, B: 60%)으로 음영을 넣어줍니다.

GtC 스타일은 그리자유 스타일에 비해 음영을 수정하기 쉽기 때문에 처음엔 대충 칠해도 괜찮습니다. 음영이 살짝 넘치더라도 우선은 대담하게 색칠해 주세요.

전체적으로 음영이 잘 들어갔다면 이번에는 디테일한 부분을 보완합시다. 대충 칠한 부분을 깔끔하게 정리해 주세요.

❻ 밝은 부분 칠하기

GtC 스타일에서는 음영을 넣은 후에 밝은 곳도 칠합니다. 주로 피부의 하이라이트와 눈의 흰자, 의상의 흰 부분처럼 완성한 후에도 흰색으로 남는 곳을 칠해주세요. 채색 중에 들어가는 하이라이트는 지금 넣지 않습니다.

음영은 기본이고 흰색 하이라이트까지 넣는다는 게 그리자유 스타일과의 차이점입니다.

❼ 고유색 칠하기

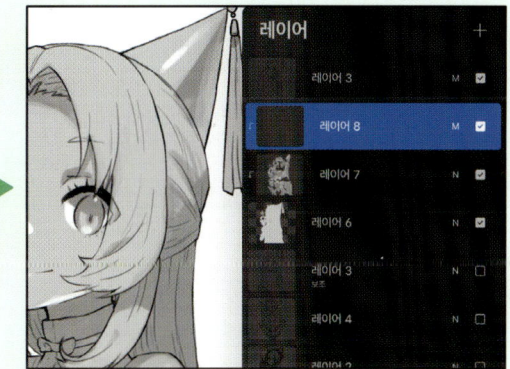

음영과 하이라이트 레이어(레이어 7) 위로 고유색 레이어(레이어 8)를 추가합니다. 블렌드 모드는 '곱하기' M으로 설정합니다.

고유색 레이어(레이어 8)에 클리핑 마스크를 걸어줍니다. 이어서 고유색 레이어(레이어 8)에 고유색을 칠합니다.

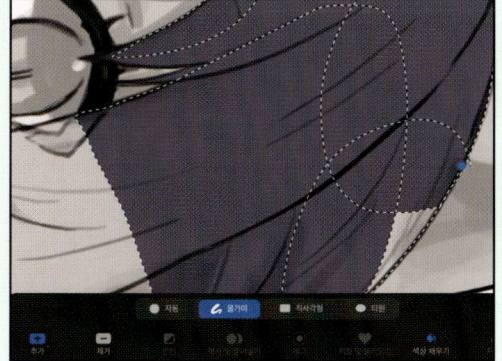

메뉴 좌측 상단의 '선택' 아이콘을 탭 하고 하단의 패널에서 '올가미', '추가', '색상 채우기'를 선택합니다. 머리카락 색상을 선택한 다음 올가미로 영역을 추가하며 색을 채우거나 브러시로 직접 색칠합니다.

고유색이 채워지면 블렌드 모드를 '보통' N으로 바꿔서 채색이 잘 되었는지 확인합니다. 누락된 부분은 다시 칠하고, 삐져나온 부분은 정리합시다. 정리가 끝나면 블렌드 모드를 '곱하기' M으로 되돌려 놓습니다.

❽ 오버레이로 탁한 부분 보완하기

 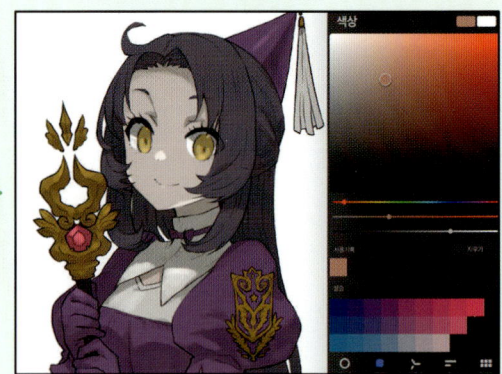

고유색 레이어(레이어 8)의 썸네일을 탭 하고 옵션 메뉴에서 '레퍼런스' 설정합니다. 색이 탁한 느낌이라 보정 레이어(레이어 9)를 추가합니다. 썸네일의 옵션 메뉴에서 '클리핑 마스크' 설정하고 블렌드 모드를 '오버레이' O로 설정합니다.

피부 위에 밝은 오렌지 색을 얹어서 밝고 화사하게 만들어 줍시다.

❾ 색감 조정하기

그 밖에도 밝게 하고 싶은 부분을 '마왕 유화 스타일 브러시'로 칠해 봅시다. 아직은 대충 칠해줘도 괜찮습니다. 대담하고 자신 있게 발라줍니다.

피부는 제법 밝아졌는데 의도치 않게 그림자까지 밝아진 느낌입니다. 그림자 부분에는 조금 진한 분홍색을 입혀서 음영의 색감을 조정합시다.

눈동자와 흰자의 그림자에 짙은 색을 얹어줍니다.

그림자는 여러 색을 덧칠하면서 자연스럽게 정리합니다. 색상을 잘 조합해서 부드러운 그러데이션을 만들어 보세요. 먼저 칠한 색상 위로 여러 색을 덧칠해서 자연스러운 색감을 내는 게 GtC 스타일의 특징입니다.

같은 방법으로 다른 탁한 부분도 보완해 봅시다. 오버레이로 원하는 색이 나올 때까지 이것저것 시도해 보세요. 다양한 색감을 쉽고 빠르게 시험해 볼 수 있는 것도 GtC 스타일의 장점입니다.

메뉴 우측 상단 '브러시' 아이콘에서 '에어브러시 > 소프트 브러시'를 선택합니다. 머리카락에 그러데이션을 넣을 때는 정수리 쪽을 밝게, 귀부터 아래를 어둡게 합니다. 얼굴 쪽을 밝게 하면 빛이 정면에서 비치는 느낌을 줍니다.

이번에는 의상의 음영에 강약을 넣습니다. 어두운 곳은 더 어둡게, 밝은 곳은 살짝 날린다는 느낌으로 정리합니다. 마법 지팡이는 디테일한 부분까지 뚜렷하게 보이도록 명암 차이를 크게 만들어 줍니다.

탁한 느낌을 보정하고 색감을 조정하기 전의 이미지와 후의 이미지를 비교해 봅시다. 밝은 곳은 더 밝게, 어두운 곳은 더 어둡게 하는 것만으로도 입체적이고 생동감이 넘치는 매력적인 캐릭터가 되었습니다.

⑩ 컬러 트레이스 적용하기

탁한 느낌이 없어졌다면 이번에는 컬러 트레이스로 선화에 색을 입혀봅시다(레이어 10). 컬러 트레이스에 대해서는 '느낌을 쉽게 바꾸는 요령(p. 057)'을 참고하세요.

⑪ 하이라이트 추가하기

음영(레이어 11)과 볼의 홍조를 추가합니다(레이어 12). 이어서 머리카락과 의상, 소품에 하이라이트를 넣습니다(레이어 13). 이때의 작업 방식은 그리자유 스타일과 똑같습니다.

⑫ 마무리하기

마무리로 눈과 볼의 디테일을 보완합시다.

볼에 홍조를 넣습니다(레이어 16)[1]. 눈동자의 하이라이트는 밝은 색으로 큰 점을 먼저 찍고 그 위에 흰색으로 작은 점을 찍었습니다. 이렇게 표현하면 더 반짝이고 예쁜 느낌을 줄 수 있습니다(레이어 17).

⑬ 배경 추가하기

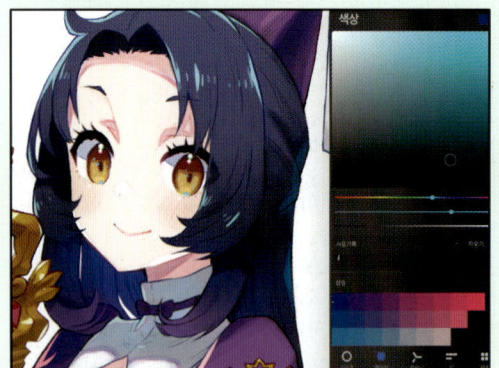
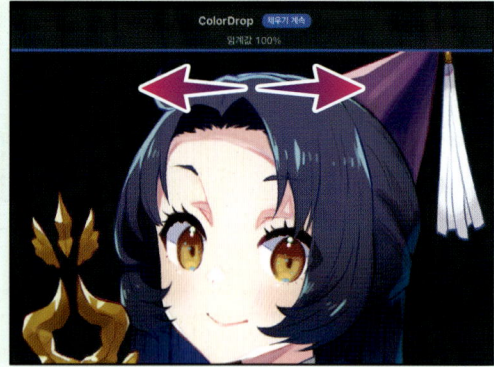

캐릭터가 완성되었다면 배경 레이어(레이어 18)를 추가하고 배경색을 고릅니다.

선택한 색상을 컬러 드롭합니다. 화면을 좌우로 드래그하면 임계값을 조정할 수 있습니다.

배경에 문양을 넣기 위해 배경 레이어(레이어 19)를 추가합니다. 메뉴 좌측 상단의 '동작 > 캔버스 > 그리기 가이드'를 활성화하고 '그리기 가이드 편집'에서 '대칭'을 고릅니다. 손으로 대충 그려도 세련된 디자인으로 보일 겁니다.

후광을 넣기 위해 배경 레이어(레이어 20)를 추가합니다. 소프트 브러시와 밝은 색상으로 그러데이션을 만듭니다. 빛의 밝기는 불투명도로 조절합니다. 후광의 불투명도를 조금 낮춰주면 드디어 완성입니다.

1. 예제 파일과 본문에는 레이어 14, 15가 없습니다. 본문에는 채색된 레이어를 그룹(새로운 그룹)으로 만들고, 그룹을 복제하고, 하나의 레이어로 병합(병합 레이어) 한 후에 복제 전의 그룹을 숨기고, 병합된 레이어에 추가 보정하는 과정이 생략되어 있습니다. - 옮긴이

Before

> GtC 스타일은 자신의 색감을 믿고 자유롭게 채색할 수 있는 상당히 직관적인 기법입니다.

After

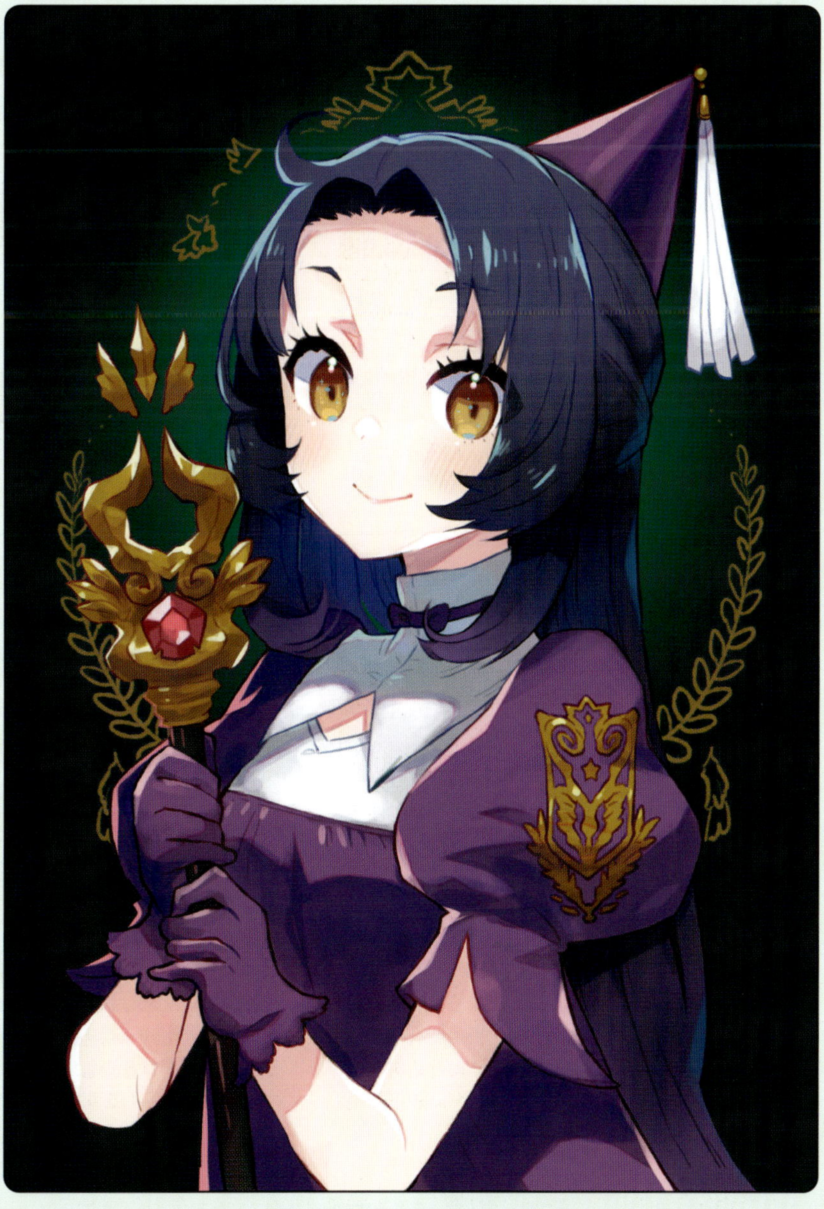

p. 021

Chapter 4 다양한 응용 방법
코믹북 스타일로 만화 그리기

일러스트는 그리는 것만으로도 재미있지만 만화로 만드는 건 더 재미있습니다. 프로크리에이트는 만화를 그릴 때도 쓸 수 있어서 컷 테두리와 말풍선, 효과음과 효과선을 추가하면 만화 스타일로 완성할 수 있습니다. 콘티부터 마무리까지 만화를 그리는 기본적인 과정을 소개합니다.

❶ 만화 원고 템플릿 활용하기

부록으로 제공되는 만화 원고 템플릿(p. 016)을 불러옵니다. 도련(재단선)이 포함된 종이 인쇄용 템플릿과 도련이 없는 웹 게시용 템플릿이 준비되어 있습니다.

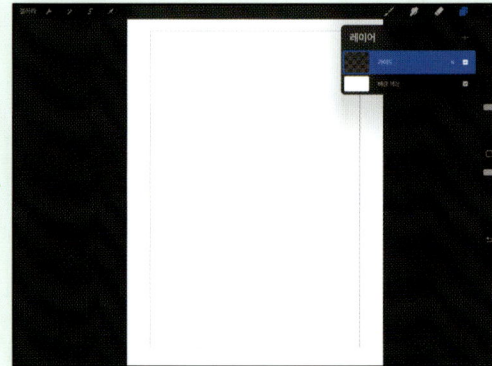

이번 예제는 B5 크기에 도련이 없는 템플릿을 사용합니다. 레이어를 살펴보면 옅은 색 가이드 선으로 만화를 그릴 영역이 표시되어 있습니다(가이드).

❷ 콘티 그리기

콘티 레이어(레이어 2)를 추가합니다. 컷과 구도를 대충 잡은 다음 대사와 효과음을 넣습니다. 이렇게 초안을 잡은 걸 콘티[1]라고 하는데 필요에 따라 레이어를 추가할 수 있습니다. 콘티가 완성되면 레이어의 불투명도를 낮춰 줍니다.

❸ 컷 테두리 레이어 추가하기

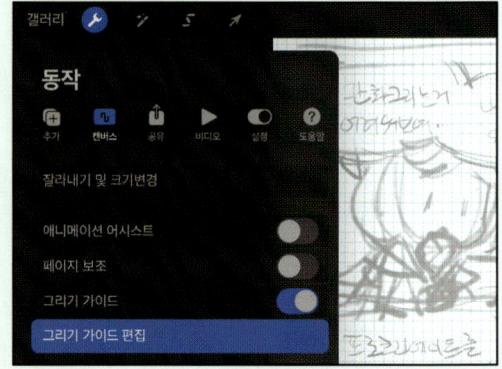

컷 테두리 레이어(레이어 3)를 추가합니다. '동작 > 캔버스 > 그리기 가이드'를 활성화하고 '그리기 가이드 편집'을 탭 합니다. '2D 격자'(p. 088)에 '격자 크기'는 3mm로 설정합니다. 우측 하단의 '그리기 도움받기'를 활성화합니다.

---

1. continuity를 줄여서 콘티라고 부릅니다. - 옮긴이

❹ 컷 테두리 그리기

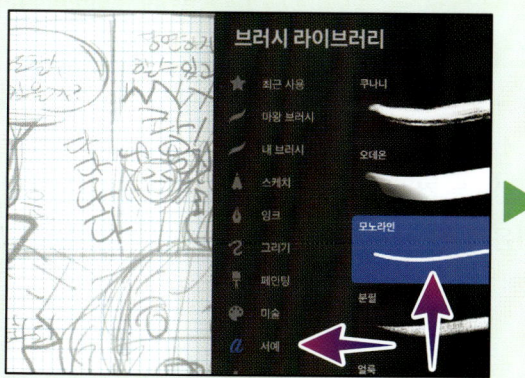

메뉴 우측 상단의 '브러시' 아이콘을 탭 하고 '브러시 라이브러리 > 서예 > 모노라인'을 선택합니다. 모노라인은 두께가 일정해서 컷 선을 그리기에 적합합니다. 브러시 크기는 15% 정도로 설정합니다.

콘티의 컷에 맞춰 컷 테두리를 그립니다. 테두리 간격은 가이드 눈금으로 맞추면 됩니다. 이 예제에서는 세로를 눈금 2개(6mm), 가로를 눈금 1개(3mm)로 정했습니다. 가로 간격보다 세로 간격이 넓어야 만화답게 보입니다.

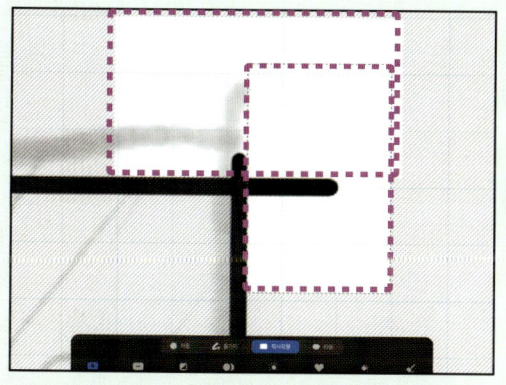

컷 테두리가 교차하는 곳에서 삐져나온 부분을 정리합니다. 메뉴 좌측 상단의 '선택' 아이콘을 탭 한 다음 하단 패널에서 '직사각형'을 선택하세요. 지울 곳을 선택한 후 지우개를 사용하면 깔끔하게 정리할 수 있습니다.[1]

컷 테두리가 완성되면 메뉴 좌측 상단에서 '동작' 아이콘을 탭 하고 '캔버스 > 그리기 가이드 편집 > 그리기 가이드 도움받기'와 '캔버스 > 그리기 가이드'를 꺼줍니다.

❺ 말풍선 그리기

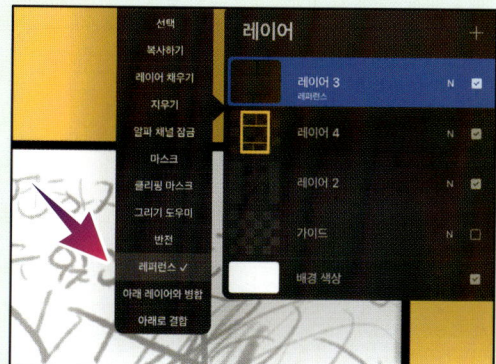

컷 테두리 레이어(레이어 3)의 블렌드 모드를 '보통' N으로 설정하고 '레퍼런스'를 선택합니다. 컷 테두리 채색 레이어(레이어 4)를 아래에 추가하고 적당한 색으로 컬러 드롭합니다. 채색이 끝나면 '레퍼런스'를 해제합니다.

아래에 말풍선 레이어(레이어 5)를 추가합니다. 말풍선은 퀵 쉐이프 기능으로 그립니다. 브러시는 두께가 일정한 '모노라인'을 쓰는데 다른 브러시를 써도 상관없습니다. 다른 곳과 선이 겹쳐 삐져나온 부분은 지우개로 깔끔하게 정리합니다.

1. 선택 영역 지정 후에 메뉴 우측 상단 '동작' 아이콘을 탭 하고 '추가 > 자르기'를 해도 되고 세 손가락을 탭 하는 제스처로 '복사 및 붙여넣기' 패널을 띄운 다음 '자르기'를 선택해도 됩니다. 제스처와 관련해서는 '추천 기능 3: 복사 및 붙여넣기(p. 065)'를 참고하세요. - 옮긴이

❻ 캐릭터 선 따기

말풍선 레이어(레이어 5)를 '레퍼런스'로 설정하고 아래에 말풍선 채색 레이어(레이어 6)를 추가합니다. 말풍선에 컬러 드롭으로 흰색을 채워주면 선화가 침범해도 가려집니다.

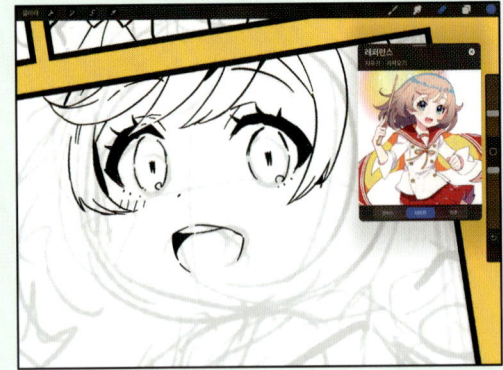

말풍선 채색 레이어(레이어 6) 아래에 선화 레이어(레이어 7)를 추가합니다. '브러시 라이브러리 > 잉크 > 스튜디오 펜'을 선택합니다. '동작 > 캔버스'에서 '레퍼런스'를 켠 다음 참고할 이미지(p. 062)를 불러옵니다[1].

'스튜디오 펜'은 깔끔한 선을 그리는 데 적합합니다. 나중에 스크린 톤처럼 효과를 낸다면 먹칠할 부분까지 칠해 주세요.

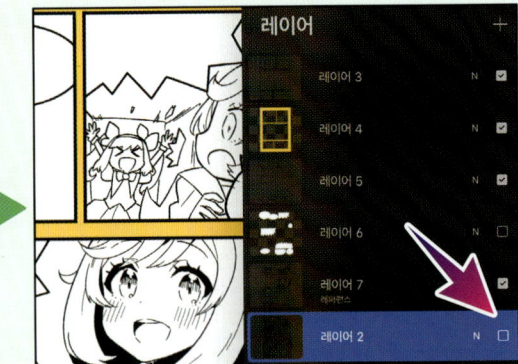

선 따기가 끝났다면 콘티 레이어(레이어 2)의 체크박스를 해제하여 숨겨둡니다. 나중에 말풍선에 대사를 넣을 때 다시 봐야 하니까 삭제는 하지 마세요.

❼ 채색하기

선화 레이어(레이어 7) 아래에 고유색 레이어(레이어 8)를 추가합니다. 채색할 범위에 밑색을 채웁니다. '알파 채널 잠금'을 하고 밑색 위에 파츠별로 고유색을 칠합니다(레이어 9 ~ 12). 채색 방식은 '3단계: 색칠하기(p. 046)'와 같습니다.

배경 레이어(레이어 13)를 추가합니다. 필요에 따라 레이어(레이어 14 ~ 19)를 추가해서 명암, 그러데이션, 하이라이트를 넣습니다. 세 번째 컷 오른쪽 캐릭터는 스크린 톤의 느낌을 내기 위해 흑백으로 놔둡니다.

1. 레이어 옵션 메뉴(썸네일을 탭 할 때 표시)의 '레퍼런스'는 채색 범위를 제한할 때 쓰는 기능이고, 동작 메뉴의 '레퍼런스'는 참고할 이미지를 표시할 때 쓰는 기능입니다. - 옮긴이

❽ 스크린 톤 붙이기

회색 레이어(레이어 20)를 추가합니다. 메뉴 좌측 상단의 '선택' 아이콘을 탭 하고 하단 패널에서 '올가미', '추가', '색상 채우기'를 선택합니다. 채도 0%인 회색을 고르고 올가미로 영역을 추가하면서 색을 채워줍니다.

같은 레이어에서 하이라이트를 넣습니다[1]. 스크린 톤으로 처리한 후에는 하이라이트를 넣기 힘들 수 있습니다. 가능하면 이 단계에서 끝내 주세요.

회색 레이어(레이어 20)를 복제해서 스크린 톤 레이어(레이어 20)를 만듭니다[2]. 메뉴 좌측 상단에서 '조정 > 하프톤'을 선택합니다.

하단 패널에서 '화면 프린트'를 선택합니다. 화면을 좌우로 슬라이드 하면 입자 크기가 조절됩니다. 이 예제에서는 하프톤 10%로 설정합니다. 회색 레이어(아래쪽 레이어 20)는 체크박스를 해제해서 숨겨줍니다.

❾ 효과 추가하기

스크론 톤 작업이 끝나면 캐릭터 주위에 반짝이는 효과를 그려줍니다(레이어 7). 다음은 네 번째 컷의 캐릭터 주변에 효과선을 넣기 위해 효과선 레이어(레이어 23)를 추가합니다.

❿ 평행선 추가하기

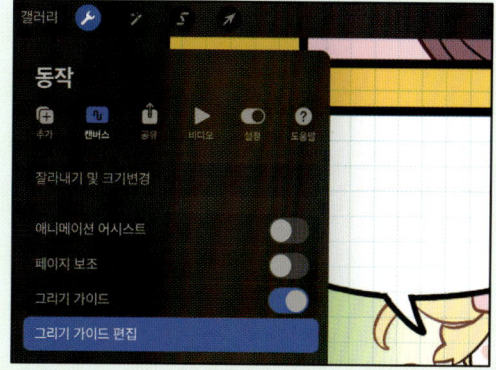

메뉴 좌측 상단의 '동작 > 캔버스 > 그리기 가이드'를 활성화하고 '그리기 가이드 편집'을 탭 합니다. 하단 패널에서 '2D 격자'와 '그리기 도움 받기'를 활성화합니다.

---

1. 예제 파일에는 본문 내용과 다르게 하이라이트 레이어(레이어 22)를 추가하고 그 위에 하이라이트를 그렸습니다. - 옮긴이
2. 복제한 레이어는 복제 전의 레이어와 이름이 같습니다. - 옮긴이

메뉴 우측 상단의 '브러시' 아이콘을 탭하고 '브러시 라이브러리 > 잉크 > 스튜디오 펜'을 고릅니다. 가이드 선을 이용해서 캐릭터가 달리 듯이 평행선을 긋습니다.

⓫ 집중선 추가하기

이어서 집중선을 넣습니다. 메뉴 좌측 상단의 '동작 > 캔버스 > 그리기 가이드'를 활성화하고 '그리기 가이드 편집'에 들어갑니다. '원근'과 '그리기 도움 받기'를 활성화합니다. 주목하고 싶은 캐릭터를 탭 해서 소실점을 만듭니다.

이제 소실점 주위로 집중선을 그을 수 있습니다. 필요한 만큼 선을 그은 다음 메뉴 좌측 상단에서 '동작 > 캔버스 > 그리기 가이드 편집 > 그리기 가이드 도움 받기'를 꺼준 다음 '동작 > 캔버스 > 그리기 가이드'도 비활성화합니다.

⓬ 효과선 채색하기

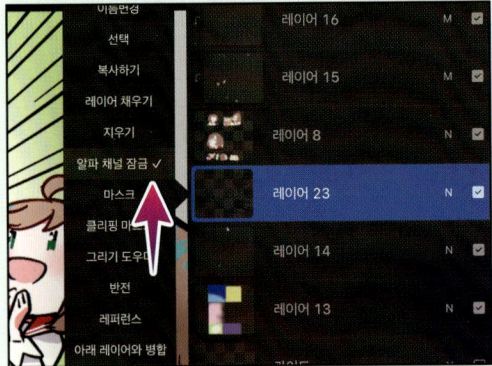

효과선에 색을 입히기 위해 효과선 레이어(레이어 23)의 썸네일을 탭 하고 왼쪽에 표시되는 옵션 메뉴에서 '알파 채널 잠금'을 설정합니다.

⓭ 콘티 다시 표시하기

소프트 브러시로 효과선을 칠합니다[1]. 소실점과 가까운 곳은 밝게, 소실점과 먼 곳은 어둡게 칠합니다. 위치에 따라 다르게 칠하면 제법 그럴듯한 느낌을 줄 수 있습니다.

말풍선에 대사를 넣기 위해 콘티 레이어(레이어 2)를 다시 표시합니다. 그리는 데 방해가 되지 않도록 불투명도를 낮춰줍니다. 레이어의 체크박스를 켜고 끄기를 반복하면서 누락된 곳이 있나 확인합니다.

---

1. 에어브러시를 사용할 때 커서 주변에 동그라미가 보이고 현재 색상이 무엇인지 확인할 수 있습니다. 채색은 되는데 동그라미가 보이지 않는다면 '동작 > 설정 > 브러시 커서'를 활성화하세요. - 옮긴이

⑭ 효과음 넣기

효과음 레이어(레이어 24)를 추가합니다. 어렴풋이 보이는 콘티 레이어(레이어 2)를 참고하면서 스튜디오 펜으로 효과음을 넣습니다. 반드시 똑같이 그릴 필요는 없습니다. 모두 그렸다면 콘티 레이어(레이어 2)를 다시 숨깁니다.

효과음에 테두리를 넣어봅니다. '레퍼런스'가 설정되어 있다면 해제해 줍니다. 효과음 레이어(레이어 24)를 복제하고 복제된 아래쪽 레이어를 선택합니다[1]. 조정 > 가우시안 흐림 효과'를 선택하고 화면을 슬라이드 해서 5%로 맞춥니다.

이번에는 메뉴 좌측 상단의 '선택' 아이콘을 탭 한 다음 하단 패널에서 '자동'과 '추가'를 선택합니다. 빈 배경을 탭 해서 선택 영역으로 지정합니다. 적당한 테두리가 생길 때까지 화면을 슬라이드 하면서 '선택 한계값'을 결정합니다.

하단 패널에서 '반전'을 탭 하면 테두리가 파랗게 표시됩니다. 테두리 레이어(레이어 26)를 추가하고 색상 패널에서 흰색을 선택합니다. 테두리 레이어(레이어 26)의 썸네일을 탭 하고 왼쪽의 옵션 메뉴에서 '레이어 채우기'를 선택합니다.

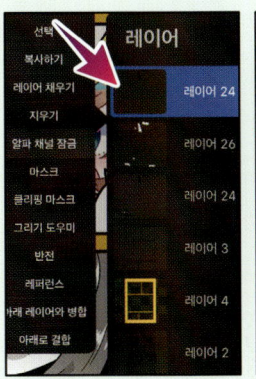 

⑮ 대사 넣기

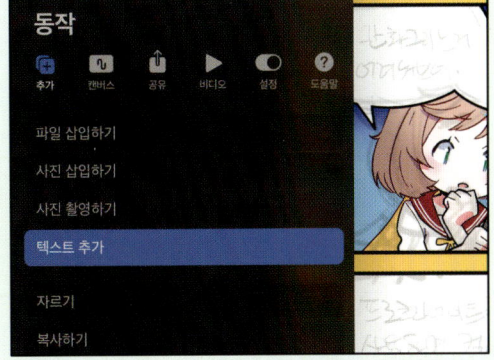

복제된 위쪽 효과음 레이어(레이어 24)를 선택합니다. 썸네일을 탭 해서 좌측에 메뉴를 표시하고 '알파 채널 잠금'을 걸어줍니다. 효과음에 에어브러시(소프트 브러시)로 색을 입힙니다.

'동작 > 추가'에서 '텍스트 추가'를 탭 한 다음 말풍선에 넣을 대사를 입력합니다. 대사를 확인하기 위해서 콘티 레이어(레이어 2)를 다시 표시합니다. 대사는 다른 파일에 미리 써 두었다가 복사해서 붙이는 게 작업하기 편합니다.

[1]. '복사'와 '복제'가 헷갈릴 수 있습니다. 레이어의 썸네일 옵션에 나오는 '복사(copy)' 기능은 선택 영역을 복사하고, 레이어를 왼쪽으로 스와이프 했을 때 나오는 '복제(duplicate)' 기능은 레이어 자체를 복제하는 기능입니다.

입력한 텍스트를 선택한 다음 하단 패널에서 'Aa'를 탭 하면 서체나 스타일, 크기 등을 설정할 수 있습니다.

텍스트는 화면을 드래그해서 이동하거나 파란색 둥근 점을 드래그해서 크기를 조절할 수 있습니다. 말풍선과 어울리게 적당한 크기로 적당한 위치에 놓아보세요.

텍스트를 새로 추가하면 이전 설정값을 따라갑니다. 같은 스타일의 텍스트를 모두 채우고 다른 스타일의 텍스트를 추가하세요. 작업하는 효율이 더 좋아집니다.

텍스트는 글자 단위로 색을 지정할 수 있습니다. 원하는 글자를 선택한 다음 색상 팔레트로 색을 바꿔 보세요[1].

⑯ 마무리

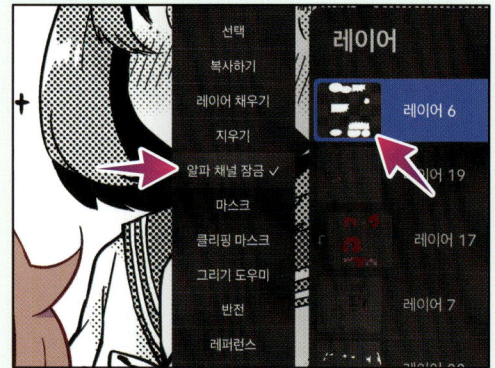

대사를 모두 입력했다면 콘티 레이어(레이어 2)를 보이지 않게 숨겨줍니다. 다음은 말풍선에 색을 입히고 세부 수정을 해봅시다. 먼저 말풍선 채색 레이어(레이어 6)의 썸네일 옵션 메뉴에서 '알파 채널 잠금'을 설정합니다.

원하는 색상을 고른 다음 메뉴 상단의 '선택' 아이콘을 탭 합니다. 하단 패널에서 '직사각형', '추가', '색상 채우기'를 선택합니다. 채색할 말풍선을 직사각형으로 감싸주면 자동으로 색이 채워집니다.

---

1. 텍스트 레이어는 썸네일을 탭 한 다음 좌측의 옵션 메뉴에서 '레스터화'를 선택하거나, 다른 레이어와 병합하는 방법으로 일반적인 레이어로 만들 수 있습니다. 이후에는 텍스트처럼 편집하진 못하지만 그림처럼 자유롭게 다룰 수 있습니다. - 옮긴이

같은 방법으로 두 번째 컷의 말풍선에 분홍색을 채웁니다.

메뉴 우측 상단 '지우개' 아이콘을 탭 하고 '브러시 라이브러리 > 에어브러시 > 소프트 브러시'를 선택합니다. 지우개를 사용해서 말풍선 안쪽에 그러데이션을 넣습니다.

말풍선의 색상이 너무 짙을 때에는 문자색을 흰색으로 바꿔 줍니다.

말풍선 대사를 손 글씨로 써 넣으면 캐릭터의 감정을 더 풍부하게 전달할 수 있습니다.

만화를 그릴 때는 이제까지 익힌 기법을 총동원할 수 있습니다.

Chapter 4 다양한 응용 방법

실사 배경 스타일로 그리기

복잡한 배경을 그리는 건 힘들기도 하지만 시간도 많이 걸립니다. 이럴 때 미리 준비한 사진을 활용한다면 더 쉽고 빠르게 배경을 완성할 수 있을 겁니다. 중요한 건 빛과 그림자, 그리고 원근감입니다. 빛과 레이어를 잘 다뤄서 사진과 일러스트 사이에 이질감이 없도록 만들어 봅시다.

❶ 배경 사진 추가하기

'다운로드 파일 안내(p. 016)'를 참고하여 배경 이미지(배경 사진.png)를 다운로드합니다. '갤러리' 화면 우측 상단의 '가져오기'를 탭 한 다음 '즐겨찾기 > 다운로드' 폴더에서 배경으로 쓸 이미지를 선택합니다[1].

❷ 러프 레이어 추가하기

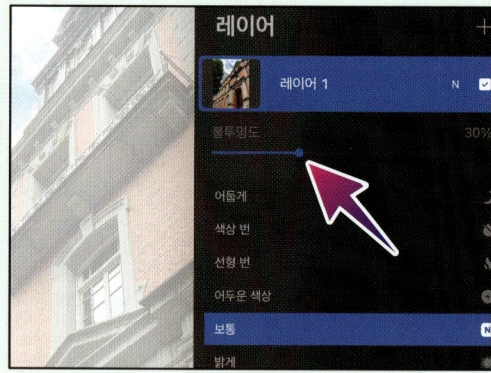

배경 이미지가 캔버스에 표시됩니다. 다음은 배경에 어울리는 캐릭터를 그려봅시다. 먼저 배경 사진 레이어(레이어 1)의 불투명도를 30%로 낮춘 후 그 위로 러프 레이어(레이어 2)를 추가합니다.

❸ 캐릭터 그리기

'기본적인 작업 흐름(p. 036)'에서 설명한 순서대로 러프와 선화, 채색까지 완료합니다. 캐릭터의 구도는 사진의 앵글과 어울리게 그립니다. 사진과 캐릭터의 색감 차이는 나중에 조절할 수 있습니다. 우선은 자유롭게 채색해 주세요[2].

채색이 끝나면 배경 이미지(레이어 1)의 불투명도를 원래 상태인 100%로 되돌립니다.

---

1. 배경으로 쓰고 싶은 사진이 '사진' 앱에 있다면 '갤러리' 화면 우측 상단의 '사진'을 탭한 다음 찍어둔 이미지를 선택합니다. - 옮긴이
2. 이때의 캐릭터는 애니메이션 스타일로 그렸습니다. - 옮긴이

④ 사진 잘라내기

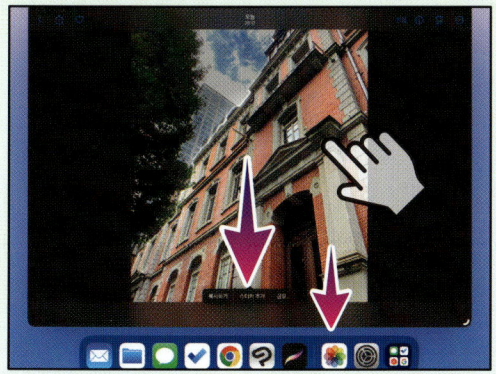

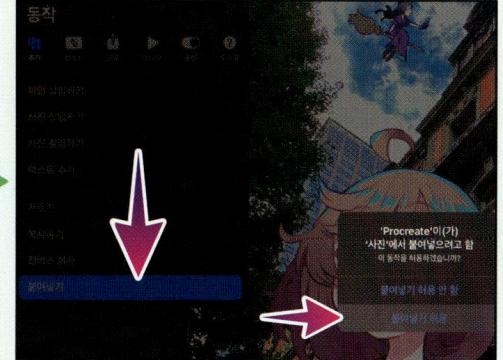

iPadOS 16부터는 '사진' 앱에서 배경을 제거할 수 있습니다. '사진' 앱에서 배경 사진을 표시한 후[1] 앞 건물을 길게 누르면 앞 건물만 선택되고 손을 떼면 '복사하기, 스티커 추가, 공유…' 메뉴가 나옵니다. 여기서 '복사하기'를 선택합니다.

프로크리에이트로 돌아가서 메뉴 좌측 상단의 '동작' 아이콘을 탭 합니다. 이어서 '추가 > 붙여넣기'를 선택합니다. 붙여넣기를 허용할지 물어보면 허용을 선택합니다.

다른 앱과 함께 쓰면 더 효율적인 작업을 할 수 있습니다.

붙여 넣은 이미지는 배경이 제거된 앞 건물 이미지로 '삽입한 이미지'라는 레이어에 들어갑니다. 사진에서 원하는 부분을 나눠서 가져오면 나중에 편집할 때 편리합니다.

⑤ 사진 색감 조정하기

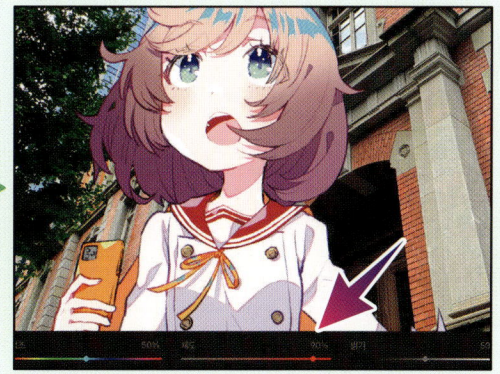

아직은 배경 사진과 일러스트가 따로 노는 느낌입니다. 메뉴 상단 좌측의 '조정 > 색조, 채도, 밝기'를 선택하고 일러스트와 어울리게 색감을 조절합시다.

애니메이션 스타일로 그린 그림은 조금 과장되게 표현해야 보기에도 좋습니다. 배경 사진 레이어(레이어 1)와 앞 건물 레이어(삽입된 이미지)의 채도 설정을 90% 정도까지 높여줍니다.

---

1. '파일' 앱을 실행하고 '즐겨찾기 > 다운로드' 폴더에서 배경 이미지(배경 사진.png)를 선택하면 '사진' 앱이 자동으로 실행됩니다.- 옮긴이

❻ 가짜 그림자 추가하기

배경과 캐릭터가 자연스럽지 않은 이유는 캐릭터의 빛과 그림자가 배경의 빛과 그림자와 어울리지 않기 때문입니다. 배경에 가짜 그림자를 넣고 현실감을 낮추는 등 애니메이션 배경처럼 가공해 봅시다.

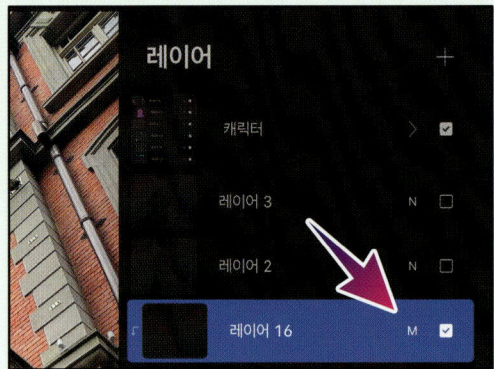

앞 건물 레이어(삽입된 이미지) 위에 가짜 그림자 레이어(레이어 16)를 추가하고 블렌드 모드를 '곱하기' M으로 설정합니다. 썸네일을 탭 하고 왼쪽의 옵션 메뉴에서 '클리핑 마스크'를 설정합니다.

그림자 색상으로 보라색을 선택한 후 메뉴 좌측 상단에서 '선택' 아이콘을 탭 합니다. 하단의 패널에서 '올가미', '추가', '색상 채우기'를 선택하고 그림자를 칠합니다. 배경의 현실감이 낮아지면서 일러스트에 어울리는 느낌이 납니다.

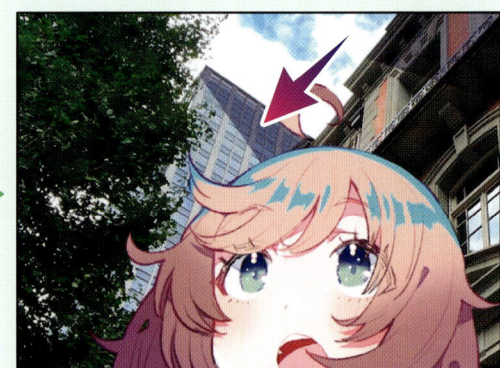

같은 방법으로 배경 사진 레이어(레이어 1) 위에 가짜 그림자 레이어(레이어 17)를 추가합니다. 뒷 건물에 가짜 그림자를 추가하면서 캐릭터와 이질감이 없게 합니다.

❼ 공기 원근법 추가하기

일러스트에 공기 원근법(멀리 있는 물체일수록 푸르스름한 공기층이 보임)을 적용해서 애니메이션 특유의 공기감[1]을 만듭시다. 가짜 그림자 레이어(레이어 17) 위로 공기 원근법 레이어(레이어 18)를 추가합니다.

블렌드 모드는 '스크린' S로 설정하고 에어브러시(소프트 브러시)로 하늘색을 옅게 칠해 줍니다[2]. 왼쪽의 나무 윗부분에도 같은 색을 칠해줍니다.

---

1. 공기감(空気感, atmosphere)은 예술 작품 등에서 공기의 존재를 느낄 수 있게 하는 표현이나 분위기를 의미합니다. - 옮긴이
2. 에어브러시를 사용할 때 커서 주변에 동그라미가 보이고 현재 색상이 무엇인지 확인할 수 있습니다. 채색은 되는데 동그라미가 보이지 않는다면 '동작 > 설정 > 브러시 커서'를 활성화하세요. - 옮긴이

⑧ 캐릭터 부각하기

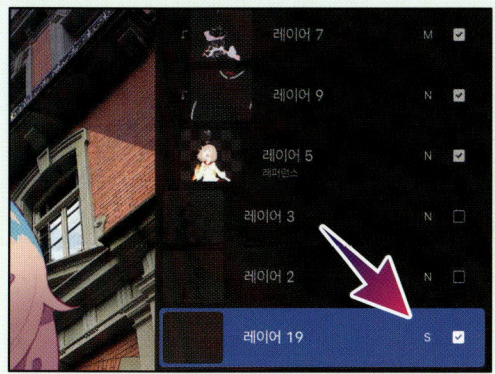 

캐릭터와 배경 사이에 후광 레이어(레이어 19)를 추가해서 캐릭터가 돋보이게 만들어 봅시다. 블렌드 모드는 '스크린' S로 설정합니다.

노란색 에어브러시(소프트 브러시)로 캐릭터 주변의 후광을 그립니다. 돋보이는 정도는 불투명도로 조절합니다. 하늘의 마법사 캐릭터에도 후광을 약하게 넣어 줍니다.

⑨ 공기감 추가하기

공기감 레이어(레이어 20)를 추가합니다. 블렌드 모드는 '스크린' S로 설정하고 에어브러시(소프트 브러시)를 사용해서 위에서 중간까지 푸르스름한 느낌이 나도록 그러데이션을 넣어 주세요. 왼쪽의 나무에도 비슷하게 해 주세요.

이번에는 반사광 레이어(레이어 21)를 추가합니다. 블렌드 모드는 '스크린' S로 설정하고 에어브러시(소프트 브러시)로 노르스름하게 그러데이션을 넣어주세요. 반사광이나 환경광을 표현하는 겁니다.

⑩ 광원 효과로 마무리하기

마지막으로 빛 입자 레이어(레이어 22)를 추가합니다. 브러시로 흰색 점을 그려주세요.

중요한 부분에는 빛 입자를 그리지 않습니다. 캐릭터가 그려진 부분을 빼고 여기저기에 빛 입자를 흩어주면 완성입니다.

Before

배경 사진을 조금만 다듬으면 일러스트와 어울리게 만들 수 있어요.

After　　　　　　　　　　　　　　　　　　　　　　　p. 023

Chapter 5 도와줘요 마왕님
질문하고 답하기

엑스(구 트위터)와 유튜브 등에서 자주 받는 질문을 정리해 봤습니다.

나와 비슷한 고민이 있는지 살펴봅시다.

깔끔한 선 유지하기

질문
크기를 바꾸거나 회전하다 보면 선이 거칠어지거나 흐려집니다. 덜 거칠어지게 하거나, 덜 흐려지게 할 방법이 있을까요?

답변
다음과 같은 세 가지 방법이 있습니다.

❶ 아날로그 느낌의 브러시 사용하기

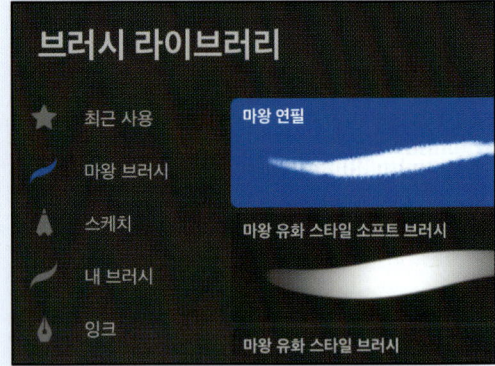

'마왕 연필' 같은 아날로그 느낌이 나는 브러시를 사용합니다. 흐려져도 덜 어색해 보입니다.

❷ 큰 해상도로 그리기

스마트폰에선 2배, 아이패드에선 1.5 ~ 2배 정도로 캔버스를 크게 해서 사용합니다. 큰 해상도에서 그리면 크기를 줄여도 어색하지 않습니다. 예를 들어 스마트폰 해상도가 920 x 428 픽셀이라면 캔버스는 2000 x 1000 픽셀 정도로 설정합니다.

❸ 보간법(interpolation) 사용하기

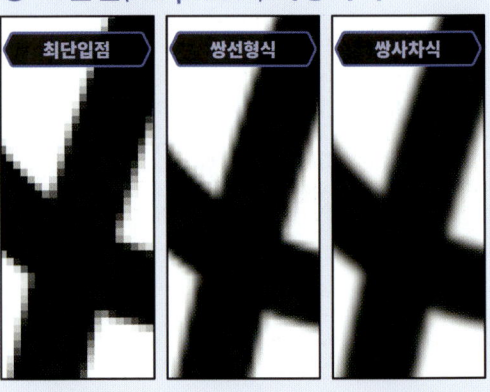

메뉴 좌측 상단에서 '변형' 아이콘을 탭 하고 하단 패널에서 '최단입점', '쌍선형식', '쌍사차식' 같은 보간법을 사용합니다.[1] '최단입점'은 예리하고 거친 느낌을, '쌍선형식'은 흐린 느낌을 줍니다. 대체로 '쌍사차식'을 쓰는 게 무난합니다.

1. 목록에서 '최단입점'을 선택하면 하단 패널 도구에는 '최근방'이라고 표시됩니다. - 옮긴이

테두리 브러시

질문
테두리가 있는 브러시는 어떻게 만드나요?

답변
브러시 두 개를 결합하면 됩니다.

브러시 복제하기

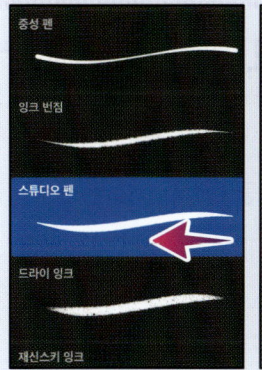 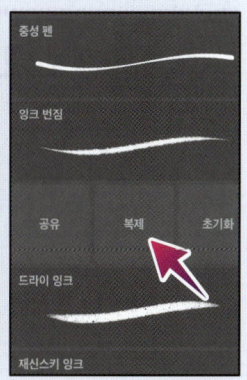

'브러시 라이브러리 > 잉크 > 스튜디오 펜'으로 예를 들어 봅시다. 스튜디오 펜을 왼쪽으로 스와이프 합니다. '복제'를 탭하고 '스튜디오 펜 1'을 만듭니다. 같은 방법으로 '스튜디오 펜 2'도 만듭니다.

브러시 결합하기

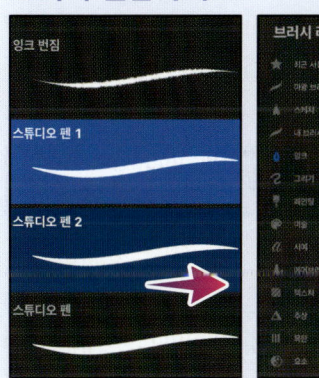 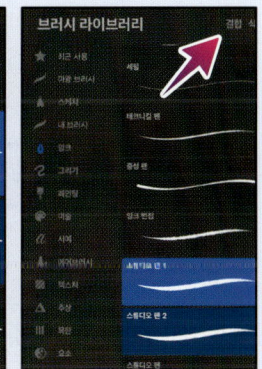

'스튜디오 펜 1'을 선택해서 파랗게 반전시킵니다. 이어서 '스튜디오 펜 2'를 오른쪽으로 스와이프 해서 파랗게 반전시킵니다. 둘 다 파랗게 선택된 상태에서 '브러시 라이브러리' 우측 상단의 '결합'을 선택합니다[1].

결합된 브러시 확인하기

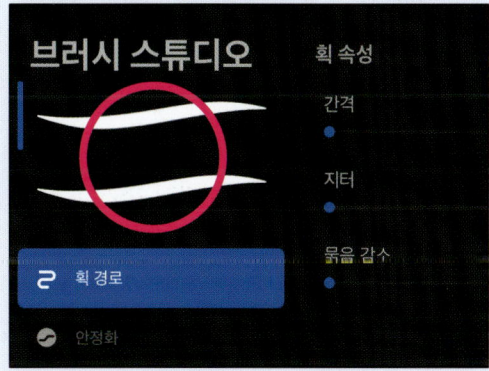

결합된 브러시(스튜디오 펜 1)를 탭 하면 '브러시 스튜디오'가 표시되고 위, 아래로 '주 브러시'와 '보조'라는 이름의 두 가지 브러시를 볼 수 있습니다.

결합 모드 설정하기

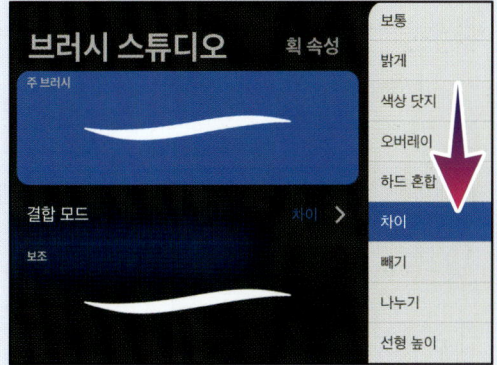

위의 브러시를 선택하면 두 브러시 사이에 '결합 모드'가 표시됩니다. '결합 모드'를 탭 한 다음 펼쳐지는 목록에서 '차이'를 선택합니다.

브러시 크기 조절하기

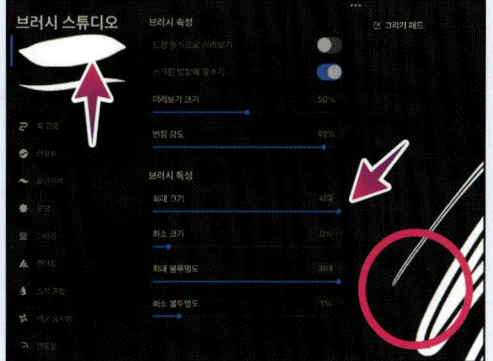

'주 브러시'를 선택하고 왼쪽 메뉴 하단의 '속성'을 탭 합니다. '브러시 특성'의 '최대 크기'를 조금 키웁니다. 같은 방법으로 '보조' 브러시의 '최대 크기'를 조금 줄입니다. 두 브러시의 크기 차이가 결합된 브러시의 테두리가 됩니다.

---

1. 위, 아래의 브러시를 결합하면 위의 브러시 이름으로 결합됩니다. - 옮긴이

깔끔하게 색 채우기

질문
부드러운 브러시로 선화를 그리면 컬러 드롭으로 색상을 채울 때 선 주변이 덜 칠해지는 것 같습니다. 빈틈없이 깔끔하게 칠하려면 어떻게 해야 할까요?

답변
컬러 드롭 후에 임계치를 조절하세요.

임계치 조절하기

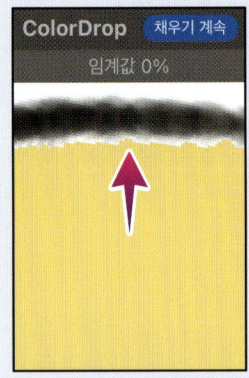 

'마왕 연필' 같이 질감이 있는 브러시는 컬러 드롭 했을 때 선의 가장자리까지 색이 깔끔하게 스며들지 않습니다. 컬러 드롭 후에는 화면을 좌우로 슬라이드 하면서 색이 빈틈없이 채워지도록 임계치를 조절해 보세요.

선택 영역 지우기

질문
선택 영역으로 지정한 부분을 삭제하고 싶은데 잘 지워지지 않는 것 같습니다. 제대로 지우려면 어떻게 하나요?

답변
하단 패널의 '지우기' 말고 메뉴 좌측 상단의 '동작' 아이콘을 탭 한 다음 '추가 > 자르기'를 해보세요.

'지우기'는 선택 영역 해제 기능

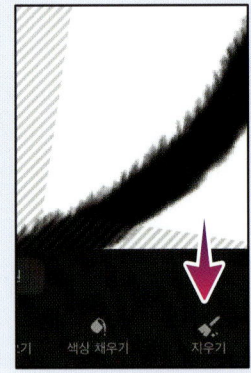 

흔히 실수하는 부분인데요. 선택 영역을 지정한 다음 하단 패널에서 '지우기'를 탭 하면 선택 영역 안의 내용이 지워지는 게 아니라 선택한 영역 자체가 해제됩니다.

'자르기'로 선택 영역 지우기

 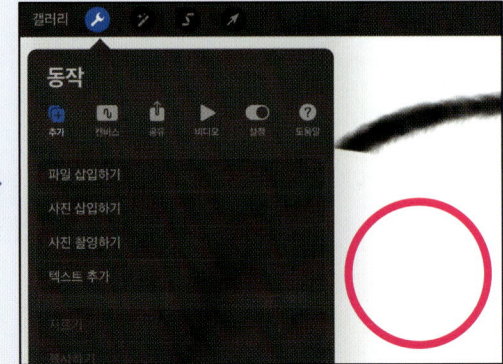

선택 영역의 내용을 지우려면 메뉴 좌측 상단에서 '동작' 아이콘을 탭 하고 '추가 > 자르기'를 선택하면 됩니다.[1]

흔히 '자르기'는 '붙여넣기'를 하기 위한 선행 작업이라 생각할 수 있는데 아무 곳에도 '붙여넣기' 하지 않으면 삭제하는 기능과 똑같습니다.

---

1. 선택 영역 지정 후에 지우개를 써도 됩니다. 제스처를 사용한다면 세 손가락을 탭 해서 '복사 및 붙여넣기' 패널을 띄우고 '자르기'를 선택해도 됩니다. 제스처에 대해서는 '추천 기능 3: 복사 및 붙여넣기(p. 065)'를 참고하세요. - 옮긴이

마스크 비교하기

질문
'클리핑 마스크'와 '마스크'가 헷갈립니다. 어떤 차이가 있나요?

답변
'클리핑 마스크'는 특정 범위 안에서만 그림을 표시하는 기능이고 '마스크'는 원본을 유지한 채 마치 수정된 것처럼 보여주는 기능입니다.

마스크 적용 대상

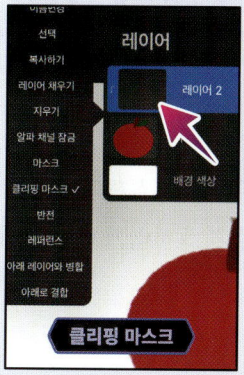 

'클리핑 마스크'는 원본 레이어 위에 놓인 레이어에 설정하고 '마스크'는 원본 레이어에 설정합니다.

❶ 클리핑 마스크 적용 방법

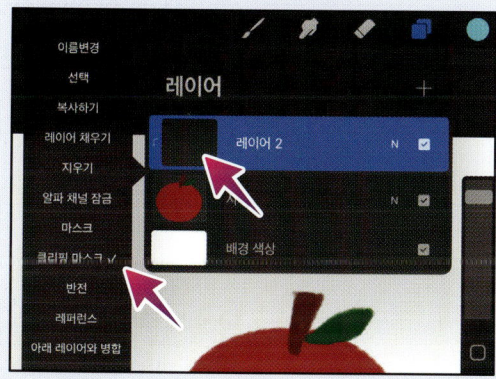

'사과' 레이어 위에 새 레이어(레이어 2)를 추가하고 '클리핑 마스크'를 적용합니다. 새 레이어(레이어 2)에 '사과' 레이어를 가리키는 화살표가 생깁니다.

클리핑 마스크 적용 효과

'레이어 2'에 그림을 그리면 '사과' 레이어의 채색 범위 밖에 내용은 화면 상에 표시되지 않습니다. 즉 '클리핑 마스크'는 특정 범위 밖으로 그림이 넘쳐나지 않도록 제한하고 싶을 때 사용합니다.

❷ 마스크 적용 방법

'사과' 레이어에 '마스크'를 적용합니다. '사과' 레이어 위로 '레이어 마스크'라는 레이어가 생깁니다.

마스크 적용 효과

'레이어 마스크'에서 그림을 그리면 사과가 지워진 것처럼 가려집니다.[1] '레이어 마스크'를 숨기면 사과는 멀쩡한 걸 알 수 있습니다. 즉 '마스크'는 원본은 유지한 채 원본을 수정한 것처럼 보여주고 싶을 때 사용합니다.

---

1. '레이어 마스크'에서는 색상과 상관없이 명도가 낮은 색(어두운 색)을 칠하면 원본이 지워지고, 명도가 높은 색(밝은 색)을 칠하면 원본이 보입니다. 레이어 마스크가 원본 레이어를 덮어서 가린다는 느낌으로 이해하면 쉽습니다. - 옮긴이

그리기 가이드 활용

질문
'그리기 가이드'의 활용법이 궁금합니다. 보통 '2D 격자'로 선을 긋거나 '원근'으로 건물을 그리는데요. 그 밖의 용도로 쓸 수 있나요?

답변
'원근'은 만화에서 효과선(p. 119)을 그릴 때, '등거리'는 입체를 그릴 때 활용할 수 있습니다.

등거리(isometric)

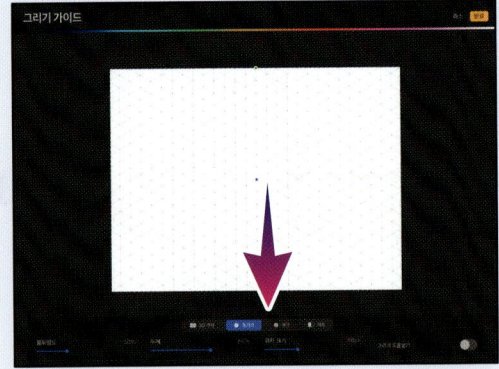

'등거리'를 활용하면 삼각형과 육각형을 그릴 때 도움됩니다.

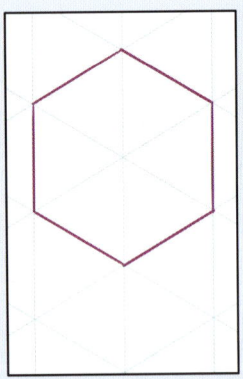 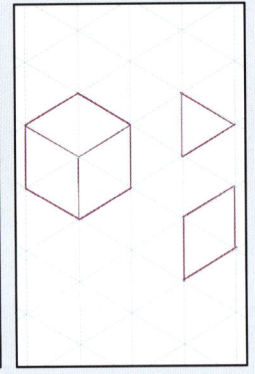

육각형을 그린 후에 안쪽 선을 연결하면 육면체를 그릴 수 있습니다. 이것저것 시험해 보면서 다양한 기하학적 도형을 그려 보세요.

육각형의 세로 폭을 줄이면 캐릭터를 세워두는 스탠드가 됩니다.

빛 표현 방법

질문
프로크리에이트에서는 빛을 표현할 때 어떤 방법을 쓰나요?

답변
색수차와 블렌드 모드로 다양한 효과를 줄 수 있습니다.

우선 빛 입자를 흰색으로 그립니다.

색수차 (chromatic aberration)

메뉴 좌측 상단에서 '조정' 아이콘을 탭 한 다음 목록 아래에서 '색수차'(p. 094)를 선택합니다.

하단의 패널에서 '옮겨놓기'를 선택한 다음 화면을 드래그해서 위치를 옮기거나 '흐림 효과'를 조절해서 빛이 퍼지는 듯한 느낌을 연출할 수 있습니다.

선명한 라이트 (vivid light)

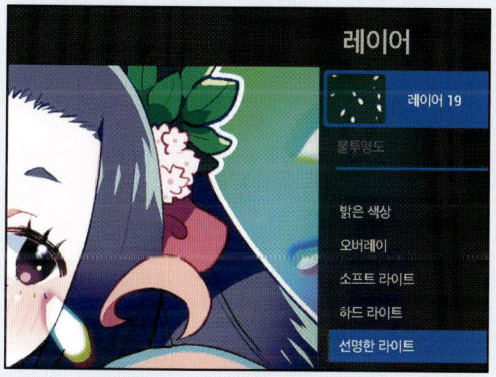

레이어의 블렌드 모드를 '선명한 라이트' Vl로 설정하면 프리즘을 통과한 것 같은 효과를 낼 수 있습니다.

색상 닷지 (color dodge)

간단하게 광을 내고 싶다면 블렌드 모드는 '색상 닷지' Cd를 선택합니다.

브러시는 '브러시 라이브러리 > 에어브러시 > 미디움 브러시'를 선택합니다.

색을 가볍게 얹기만 해도 빛이 나는 효과를 줄 수 있습니다.

추천 텍스처

질문
추천하는 텍스처가 있나요? 어떻게 쓰는지도 알려주세요.

답변
종이 질감 텍스처는 어떠신가요? 저는 회색 물감으로 종이를 칠한 다음 사진으로 찍어서 텍스처로 씁니다. 다양한 텍스처를 사진으로 찍어서 하나씩 모아 보세요.

텍스처 사진 가져오기

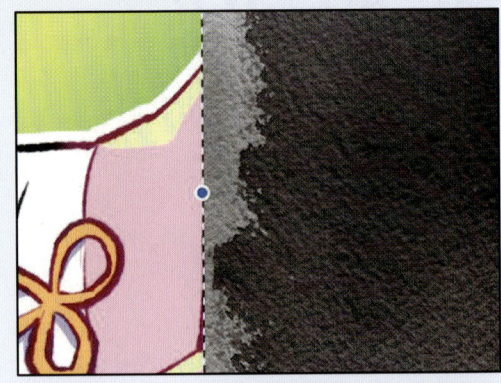

수채 물감으로 종이를 칠한 다음 사진을 찍습니다. 촬영된 사진을 프로크리에이트로 가져와서 최상단 레이어에 붙여 넣습니다.

텍스처 적용하기

블렌드 모드를 '오버레이' O로 설정합니다.

텍스처 효과는 불투명도로 조절합니다.

길이 확인 방법

질문
화면에 그은 선의 길이가 궁금합니다. 어떻게 알 수 있을까요?

답변
격자의 간격을 정해두거나 정해진 길이로 선을 그은 다음 자 대신으로 활용하세요.

격자 크기 설정하기

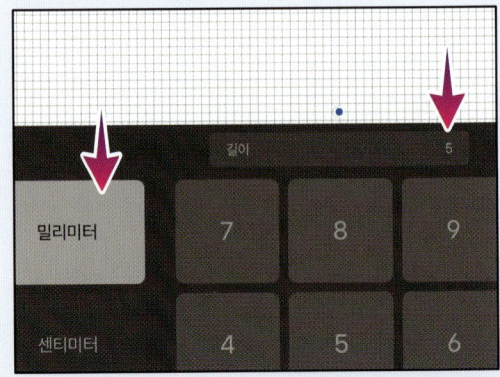

'그리기 가이드 편집'에서 '2D 격자'의 '격자 크기'를 5mm 간격으로 설정합니다. 화면에서 격자를 보면 길이를 짐작할 수 있을 겁니다. 그 밖에도 특정 길이로 선을 그은 다음 그 선을 이동해서 자 대용으로 활용할 수 있습니다.

추천 주변 기기

질문
그림을 그리는 데 도움되는 기기가 있나요? 몇 가지만 소개해 주세요!

답변
아이패드 거치대와 무선 마우스, USB 허브 등이 있습니다.[1]

아이패드 커버

평소에는 아이패드에 탈착하는 커버를 사용합니다. 일정한 각도로 거치할 수 있어서 탁자에 놓고 쓰기 편리합니다.

아이패드 거치대

집에서는 각도 조절이 자유롭고 확실하게 고정되는 암 방식 거치대를 사용합니다.

무선 마우스

크기가 작고 소음이 덜 나는 걸 사용합니다. 프로크리에이트로 그림을 그릴 때 사용한다기보다는 아이패드에서 드래그 앤 드롭을 편하게 하려고 활용하고 있습니다.

C타입 USB 허브

종종 아이패드에 USB 플래시 드라이브를 꽂아야 할 때가 있습니다. 그림이 많아지면 외부 저장 장치에 옮겨야 하거든요. 아이패드의 저장 용량도 확보할 겸, 유사시를 대비한 백업도 할 겸 USB 허브를 사용하고 있습니다.

전용 보조 키보드

프로크리에이트 전용 키보드를 사용합니다. 특정 기능을 쓰기 위해 화면상의 메뉴를 열고 닫을 필요가 없습니다. 빠르게 작업하는 데 도움이 됩니다.

---

1. 원서에는 글로만 설명이 되어 있어서 이해를 돕기 위해 역자가 쓰는 것을 찍었습니다. - 옮긴이

SPECIAL THANKS

타카기님, 므츠코님
KADOKAWA 마츠가와님
요요라란데이즈님
그리고
이 책을 보고있는 독자 여러분!

참고 자료
부스 활용 방법

부스(BOOTH)는 일러스트 창작 커뮤니티 픽시브(pixiv)와 연계된 창작물 거래 플랫폼입니다. 작가님이 등록한 자료를 활용해서 일러스트 연습을 해 보세요. 각종 브러시와 채색용 선화 이미지를 다운로드할 수 있습니다. 클립 스튜디오용 데이터라 하더라도 PSD 파일이라면 프로크리에이트에서도 활용할 수 있습니다. 레이어를 분석할 수 있는 완성본 파일이나 작가의 노하우가 담긴 전자책도 있습니다.

- https://deepblizzard.booth.pm

부스 접속하기

웹 브라우저에서 'BOOTH'를 검색합니다. 다양한 창작물을 확인할 수 있습니다.

계정 만들고 로그인하기

사용자 계정을 생성합니다. 이미 'pixiv' 계정이 있다면 별도 가입 없이 로그인할 수 있습니다.

작가 검색하기

작가 이름 'deep blizzard'를 검색합니다. 프로크리에이트, 클립 스튜디오 페인트, 이비스 페인트 등 다양한 도구를 활용한 일러스트 자료를 확인할 수 있습니다.

등록 자료 열람하기

등록된 자료에는 각종 브러시나 연습용 선화 데이터, 작화 노하우를 담은 전자책 등이 있습니다. 내게 도움이 될만한 자료가 있는지 천천히 살펴보세요.[1]

---

[1] 등록된 자료는 무단 전재 및 재배포, 상업적 이용이 불가능합니다. 단 자료를 활용한 본인의 창작물인 경우 출처를 밝히고 SNS 등에 공개하는 건 허용하고 있습니다. 자료에 명시된 사용 조건을 반드시 꼼꼼하게 확인한 다음 허용 범위 내에서만 활용하길 바랍니다. - 옮긴이

참고 자료

연습 자료

처음 일러스트를 그리는 초보자라면 러프를 그릴 때 뭘 그려야 할지 모르거나, 선화를 그리는 데 오래 걸릴 수 있습니다. 기껏 그린 선화가 마음에 들지 않아 채색을 포기할 때도 있을 텐데요. 이럴 때는 채색만 빠르게 따라 할 수 있도록 작가님의 선화 데이터를 활용해 보세요. 원서를 담당했던 출판사 편집자가 직접 따라 하는 영상도 있으니 채색하는 과정을 살펴보면서 부담 없이 따라서 실습해 보세요.

- https://deepblizzard.booth.pm/items/4907948
- https://deepblizzard.booth.pm/items/5951887

데포르메 선화 다운로드하기

부스에서 실습용 선화 데이터를 다운로드합니다. 2장의 내용을 쉽게 따라 할 수 있도록 데포르메 캐릭터로 선화가 준비되어 있습니다. 유튜브로 실습 영상도 확인할 수 있으니 미리 살펴보고 자신 있게 따라 해 보세요.

채색 연습하기

준비된 선화 데이터를 활용해서 채색을 연습합니다. 작화 공정과 채색 기법을 빠르게 익히고 싶을 때 유용합니다.

오리지널 선화 다운로드하기

부스에서 실습용 선화 데이터를 다운로드합니다. 2장의 내용을 제대로 따라 할 수 있도록 오리지널 캐릭터로 선화가 준비되어 있습니다. 2쇄 기념 특별 일러스트도 다운로드할 수 있습니다.

채색 연습하기

준비된 선화 데이터를 활용해서 채색을 연습합니다. 책의 내용을 그대로 따라할 때 유용합니다.

참고 자료
편의 기능

몰라도 그만이지만 알면 도움 되는 기능을 소개합니다. 그림을 그릴 때는 반복되는 동작을 최대한 줄여주고 피로감을 더는 것이 중요합니다. 여기서는 블루투스 키보드로 단축키를 쓰는 방법과 브러시의 크기와 불투명도를 저장해서 쓰는 법을 안내합니다.

단축키 확인하기

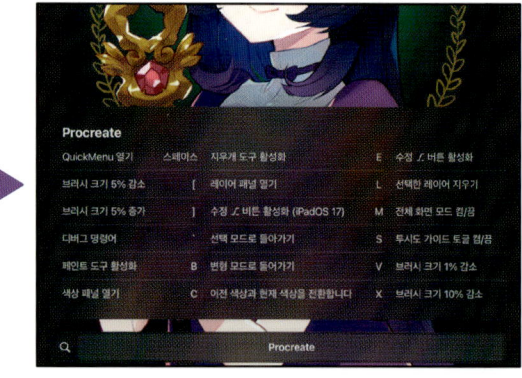

아이패드와 블루투스로 연결된 키보드가 있다면 프로크리에이트가 실행된 상태에서 커맨드(command, ⌘) 키를 길게 누릅니다.

키보드로 빠르게 조작할 수 있는 단축키의 목록이 표시됩니다. 단축키 목록을 좌우로 넘기면 다른 페이지의 내용도 볼 수 있습니다.

브러시 크기, 불투명도 저장하기

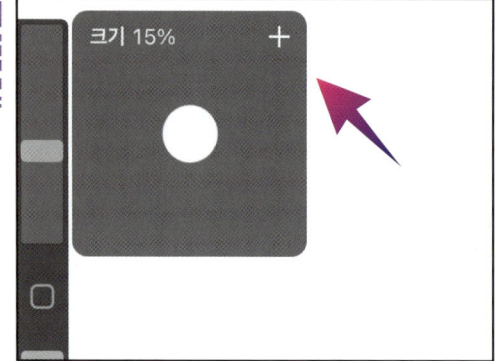

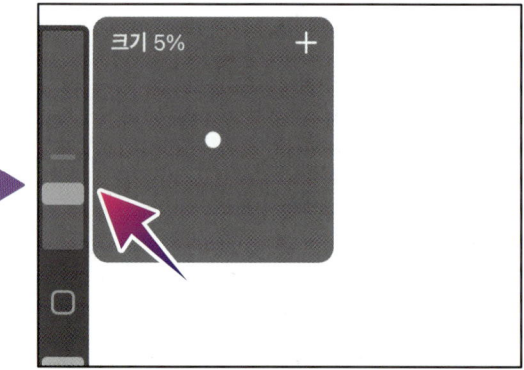

사이드바는 위쪽에서 브러시의 크기를, 아래쪽에서 브러시의 불투명도를 설정할 수 있습니다. 미리 보기 화면에서 우측 상단의 '+' 버튼을 누르면 현재의 설정값이 막대 모양으로 저장되고 '-' 버튼을 누르면 저장된 막대 표시가 삭제됩니다.

저장된 설정을 활용하고 사용하고 싶을 때는 사이드바에 저장된 막대 표시를 탭 합니다. 하나의 브러시에 대해 브러시 크기 4개, 불투명도 4개까지 저장됩니다.

참고 자료
확장 기능

이 책의 주제는 캐릭터 일러스트라서 미처 다루지 않은 기능이 있습니다. 여러 장의 레이어를 연속으로 표시하는 애니메이션 기능과 여러 장의 레이어로 입체를 표현하는 3D 기능인데요. 애니메이션 기능은 뒤에서 설명할 '프로크리에이트 드림'이라는 앱에서 더 심도 있게 다룰 수 있습니다.

애니메이션

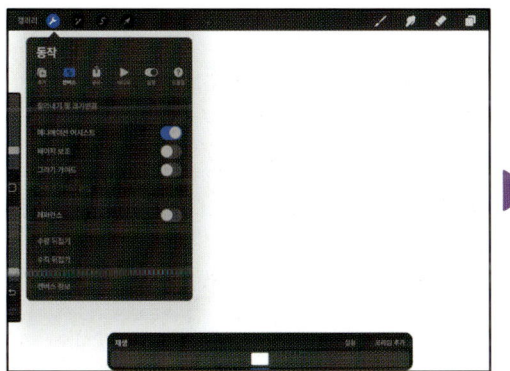 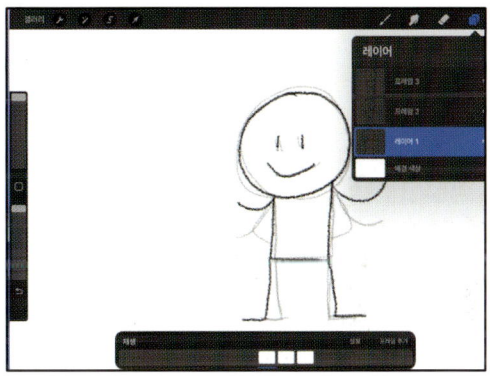

메뉴 좌측 상단의 '동작' 아이콘을 탭 하고 '캔버스 > 애니메이션 어시스트'를 활성화합니다. 하단 패널에 애니메이션 컷을 볼 수 있는 타임라인이 표시됩니다. 캔버스에 그림을 그린 다음 타임라인 우측 상단의 '프레임 추가'를 탭 합니다.

타임라인에 프레임이 추가되면 이전 이미지는 흐리게 표시되고[1] 그것을 참고해서 새 그림을 그립니다. 실제로는 새 레이어가 추가된 셈인데 타임라인 좌측에서 '재생'을 탭 하면 각각의 프레임이 애니메이션처럼 연속해서 표시됩니다[2].

3D 모델링

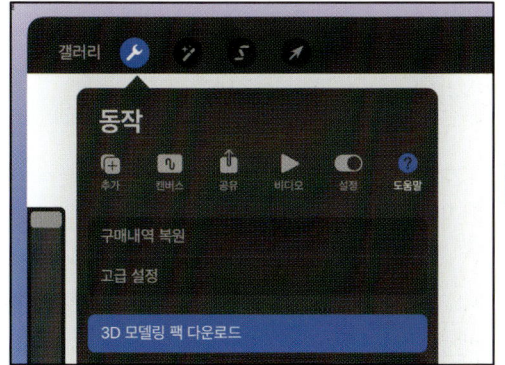 

메뉴 좌측 상단의 '동작' 아이콘을 탭 하고 '도움말 > 3D 모델링 팩 다운로드'를 탭 합니다. 기본으로 제공되는 3D 모델이 다운로드되고 갤러리 화면에 기본 제공되는 모델이 표시됩니다. 여기서는 캔 모양을 불러봅시다.

손가락으로 모델을 회전하거나 옮길 수 있습니다. 채색할 부분을 탭 하고 브러시와 색상을 골라 채색할 수 있습니다. 메뉴의 좌측 상단 '동작' 아이콘을 탭 하고 '3D > 2D 텍스처 보기'를 활성화하면 평면으로 펼친 레이어에 그릴 수 있습니다.

1. 양파 껍질처럼 여러 겹이 불투명하게 비쳐 보여서 어니언 스킨(onion skin)이라고 합니다. - 옮긴이
2. 선화나 채색 레이어처럼 여러 개의 레이어를 그룹으로 만들 수 있습니다. 하나의 그룹은 하나의 프레임으로 동작합니다. - 옮긴이

참고 자료

아이패드 설정

프로크리에이트와 관련된 기능 설정은 '프로크리에이트(procreate)' 앱에서 설정하는 부분과 아이패드의 '설정(settings)' 앱에서 설정하는 부분이 따로 있습니다. 여기서는 아이패드 '설정' 앱의 설정 내용 중 쓸만한 것을 골라 소개합니다. 의외로 많은 사용자가 모르고 넘어가는 설정일 수 있으니 어떤 것이 있는지 눈에 익혀두었다가 나중에 생각나면 활용해 보세요.

언어 변경

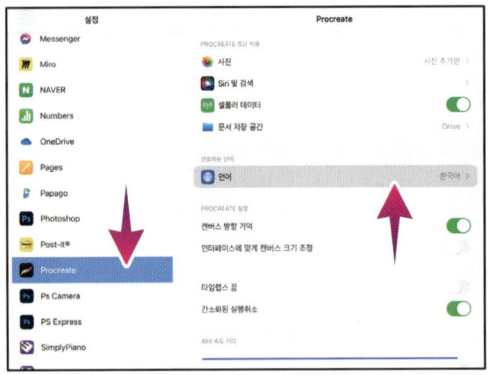

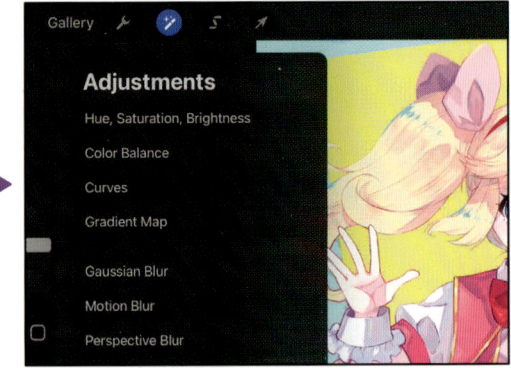

프로크리에이트를 한국어 설정으로 사용하다 보면 번역이 애매해서 의미를 파악하기 어려울 수 있습니다. 이럴 때는 아이패드의 '설정' 앱에서 'Procreate'를 찾은 다음 '선호하는 언어'를 '영어'로 설정합시다.

잘 모르는 내용은 화면에 보이는 영어 키워드로 구글이나 유튜브로 검색해 보세요. 공식 프로크리에이트 핸드북(procreate handbook)은 영어, 일본어, 중국어만 제공되므로 영어로 검색해야 정확한 정보를 얻을 수 있습니다.

타임랩스 끔

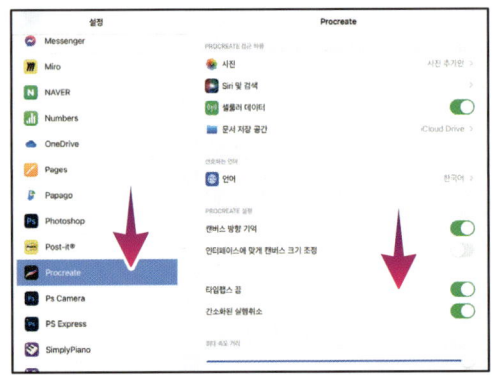

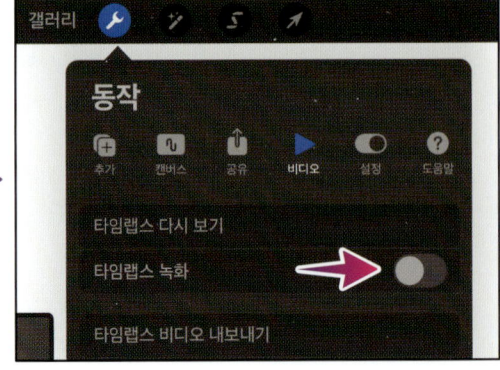

프로크리에이트에는 작품을 그리는 과정을 동영상으로 보여주는 '타임랩스' 기능이 있습니다. 아이패드의 저장 용량이 부족하거나 작업했던 과정을 굳이 남길 필요가 없다면 아이패드 설정 앱에서 '타임랩스 끔'을 활성화합니다.

설정 후에 추가된 캔버스에는 '타임랩스 녹화'가 꺼져있습니다. '타임랩스 녹화'를 활성화하기 전까지 그리는 전 과정은 기록되지 않습니다.

선호하는 파일 / 이미지 포맷

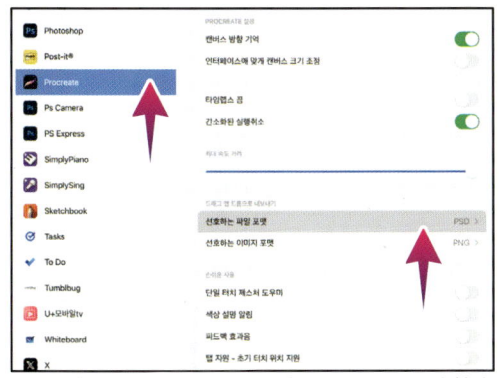

갤러리에서 작품을 드래그 앤 드롭할 때 선호하는 파일 형식을 지정할 수 있습니다. '선호하는 파일 포맷'은 '파일' 앱에 드래그 앤 드롭할 때, '선호하는 이미지 포맷'은 '사진' 앱에 드래그 앤 드롭할 때 사용됩니다.

아이패드의 화면 분할(split view) 기능으로 프로크리에이트 앱과 '파일' 앱을 함께 실행합니다. 프로크리에이트 앱에서 작품을 골라 '파일' 앱에 드래그 앤 드롭합니다. 여기서는 PSD 파일로 지정했습니다[1].

단일 터치 제스처 도우미

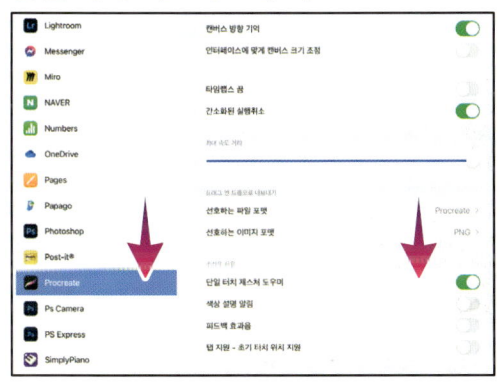

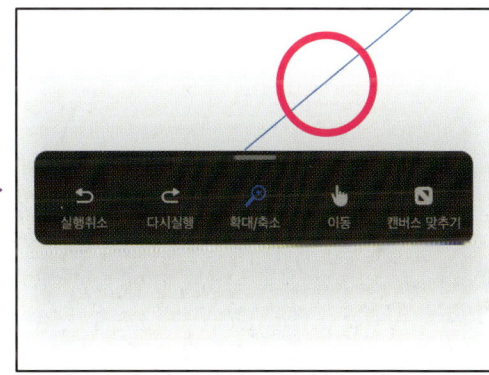

제스처를 사용할 때 손가락 여러 개를 쓰기 힘들 때에는 한 손가락만으로도 제어할 수 있습니다. 아이패드 설정 앱에서 '단일 터치 도우미'를 활성화합니다.

'실행취소'나 '다시실행', '캔버스 맞추기'는 탭만 하면 되고 '확대/축소', '이동'은 드래그만 하면 됩니다. 손가락과 애플펜슬 둘 다 반응합니다. 한 손가락이나 애플펜슬 하나로만 제어하고 싶을 때 유용합니다.

색상 설명 알림

색상을 선택하다 보면 그 색상의 이름이 무엇인지 궁금할 때가 있습니다. 이때는 아이패드 설정 앱에서 '색상 설명 알림'을 활성화합니다.

색상 패널에서 색을 고르면 화면 상단에 색상 이름이 표시됩니다. HSB나 RGB, 16진 값으로 표현하는 것보다 정밀하진 않지만 색상을 이름을 알고 싶을 때 유용합니다.

---

1. 해당 설정은 갤러리의 작품(artwork)을 드래그 앤 드롭할 때 사용됩니다. 작품 안의 레이어를 드래그 앤 드롭할 때는 무조건 PNG 파일로 추출됩니다. - 옮긴이

참고 자료

프로크리에이트 공식 자료

프로크리에이트를 소개한 많은 자료가 있지만 공식 자료만큼 좋은 것도 없습니다. 한국어 자료가 없다는 게 아쉽긴 하지만 영어 표현이 간결해서 어렵지 않은 편입니다. 심지어 웹 브라우저의 번역 기능을 활용하면 내용을 익히는 데 오래 걸리지 않습니다. 프로크리에이트에서 모르는 기능이 있다면 한국어 메뉴의 키워드로 검색하지 말고 영어 메뉴의 키워드로 검색해 보세요. 언어 설정 변경은 '언어 변경(p. 144)'을 참고하세요.

프로크리에이트 핸드북

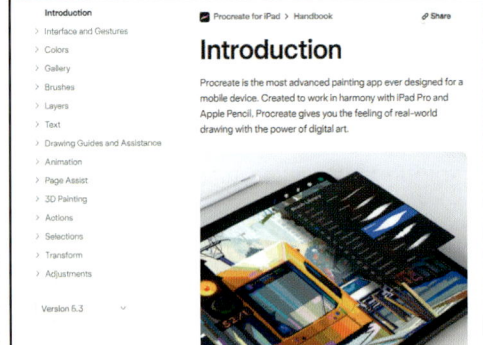

웬만한 기능은 핸드북만 봐도 됩니다. 메뉴별로 설명되어 찾아보기 편하고 검색 기능도 훌륭합니다.

프로크리에이트 에듀케이션

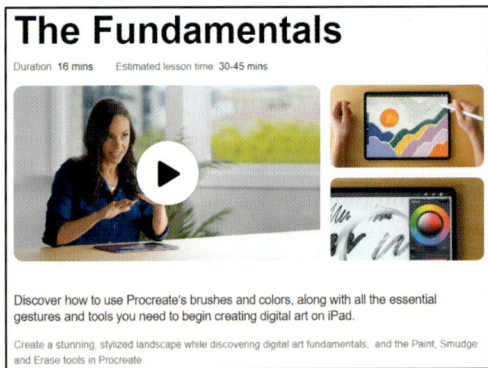

핸드북이 기능 설명이라면 에듀케이션은 실습 자료입니다. 유튜브에서 볼 수 있는 비공식 프로크리에이트 입문 영상은 수준이나 주제가 들쑥날쑥한데 공식 자료는 수준에 맞게 체계적으로 살펴보기 좋습니다.

프로크리에이트 유튜브

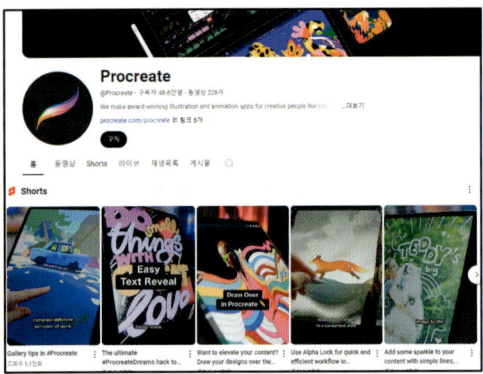

새로운 기능 소개나 전문가의 인터뷰, 현업 작가의 드로잉 과정을 보고 싶다면 유튜브에서 프로크리에이트 공식 계정을 살펴보세요. 개별 영상을 따로 보기보다는 관심 있는 플레이 리스트를 정주행 해보는 걸 추천합니다.

프로크리에이트 폴리오

프로크리에이트 폴리오는 사용자 커뮤니티에 가깝습니다. 계정을 만들면 자신의 작품을 업로드할 수 있고 쇼케이스나 포트폴리오로 활용할 수 있습니다.[1] 다양한 주제의 토론방도 있으니 어떤 내용이 있는지 틈틈이 살펴보세요.

1. 프로크리에이트 폴리오에서 'brush'를 검색해 보세요. 사용자가 직접 그린 작품(artwork)과 그 작품에 활용된 브러시 정보를 확인할 수 있습니다. 브러시의 URL 정보를 따라가면 유료나 무료로 다운로드할 수 있습니다. - 옮긴이

참고 자료
프로크리에이트 관련 앱

프로크리에이트 관련 앱을 소개합니다. 프로크리에이트의 애니메이션 기능을 더 전문화해서 만든 '프로크리에이트 드림'과 프로크리에이트의 기본 기능을 아이폰에도 쓸 수 있게 만든 '프로크리에이트 포켓'이 있는데요. 애니메이션을 더 전문적으로 만들고 싶거나 아이폰으로 그림을 그리고 싶다면 이들 앱을 고려해도 좋겠습니다.

프로크리에이트 드림

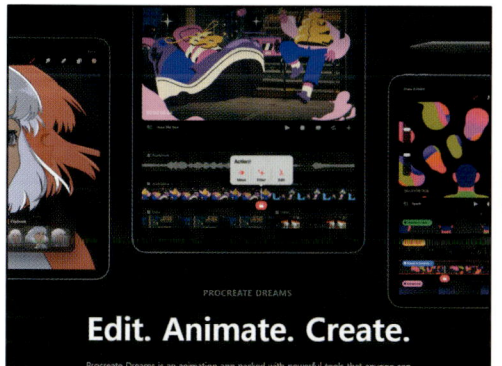

프로크리에이트를 사용하던 느낌 그대로 애니메이션을 만들 수 있는 앱입니다.

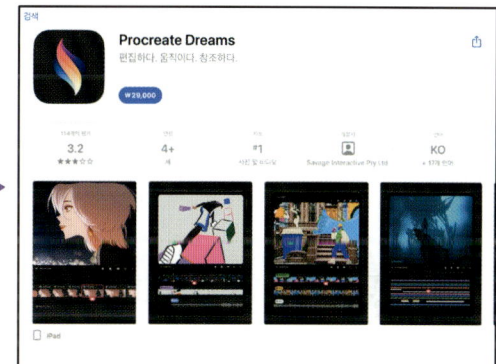

앱 스토어에서 29,000원에 구입할 수 있습니다. 별도의 구독료 없이 한 번 결제하면 평생 쓸 수 있습니다.

프로크리에이트 포켓

프로크리에이트를 사용하던 느낌 그대로 아이폰에서도 그릴 수 있는 앱입니다.

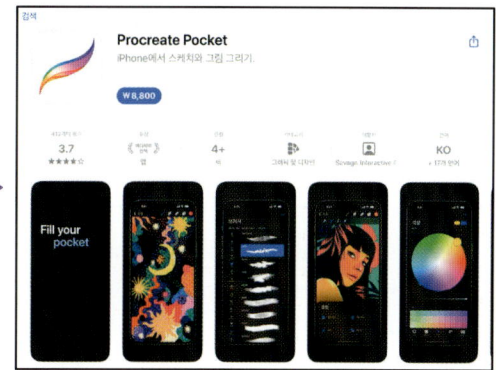

앱 스토어에서 8,800원에 구입할 수 있습니다. 별도의 구독료 없이 한 번 결제하면 평생 쓸 수 있습니다. 단 애플펜슬은 아이폰에서 사용할 수 없으니 별도의 스타일러스 펜을 구입해야 합니다.

참고 자료

한국 작가 소개

김현지 / 씰(Seal)
- 유튜브: https://www.youtube.com/@씰Seal
- 인스타그램: https://www.instagram.com/draws.seal
- 스마트스토어: https://smartstore.naver.com/sealstudio

텍스처가 살아있는 인물화 작가, 김현지님을 소개합니다. 유튜브에서 인물화 드로잉 팁과 스피드 페인팅을 공개하고 있습니다. 라디오 신청곡처럼 원하는 그림을 요청하면 그려주시기도 합니다. 작화에 사용한 커스텀 브러시는 스마트스토어에서 만나볼 수 있습니다.

이효성 / 오똘(ottol)
- 엑스: https://x.com/ottol0077
- 페이스북: https://www.facebook.com/ttol.oh
- 인스타그램: https://www.instagram.com/ottol07

가족과의 일상을 즐겨 그리는 게임 개발자이자 일러스트 작가, 이효성님을 소개합니다. 주로 포토샵으로 작품 활동을 하는데 최근에는 프로크리에이트로 그리기도 한답니다. 인스타그램에서 영화나 드라마의 팬 아트를 공개하고 있습니다. 보기만 해도 흐뭇해지는 일상 일러스트가 매력적입니다.

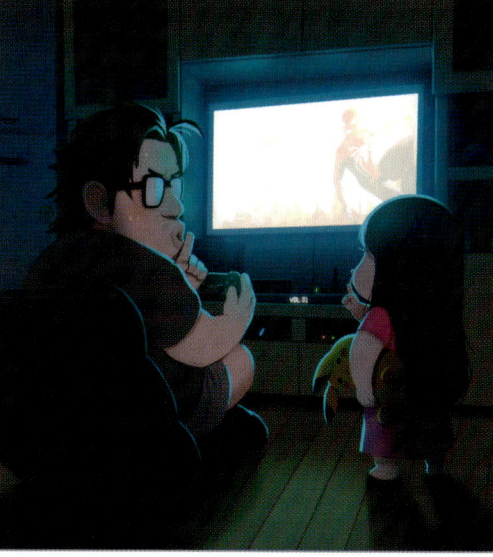

 **이채린 / 리니(rini)**
- 유튜브: https://www.youtube.com/@Rini
- 인스타그램: https://www.instagram.com/xoxo_rini
- 저서: 리니의 펜 드로잉 클래스(동양북스) / 나의 첫 아이패드 드로잉(경향BP)

빛과 원근 표현이 돋보이는 작가, 이채린님을 소개합니다. 반려동물과 함께하는 커플의 일상을 작품에서 엿볼 수 있습니다. 정교한 소품의 디테일이 특징입니다. 한 번쯤 겪어 본 것 같은, 혹은 겪어 보고 싶은 장면을 마주하다 보면 괜히 옛 추억에 잠기거나 작품 속의 커플을 시샘하게 될 겁니다.

 **김혜민 / 금손햄찌(gold hamzzi)**
- 유튜브: https://www.youtube.com/@gold_hamzzi
- 저서: 다시 꺼내는 아이패드 Re:드로잉 with 프로크리에이트(앤제이BOOKS)
- 강의: 내 일상이 빛나는 힐링 드로잉, 프로크리에이트로 애니메이션 제작하기(클래스101)

일러스트부터 강의, 이모티콘, 굿즈까지 다양하게 활동을 하고 있는 금손 작가, 김혜민님을 소개합니다. 만화 애니메이션을 전공하고 애니메이터로도 활동 하셨는데요. 그간의 노하우와 경험을 바탕으로 누구나 쉽게 그림을 배우고 즐길 수 있도록 다양한 콘텐츠를 제작하고 있답니다.

참고 자료
프로젝트 ZZOM 에 대해서

프로젝트의 목적

독립출판이란 대형 출판사가 상업적인 기획과 제작 방식으로 책을 만드는 것에 비해 개인이나 소수가 실험적인 기획과 제작 방식으로 책을 만들고 판매하는 것을 의미합니다. 1인출판이란 혼자서 출판사를 만들고, 기획하고, 집필(번역)하고, 편집하고, 제작하고, 마케팅해서 책을 만들고 판매하는 것을 의미합니다. 프로젝트 ZZOM은 이 두 가지 특징을 모두 가지고 '읽어 보니 좋았던 책을 함께 볼 수 있게 번역합니다'란 모토 아래 번역자가 엄선한 책을 취향이 비슷한 독자에게 소개하는 일종의 큐레이션 프로젝트입니다. ZZOM의 번역서는 다음과 같은 철학으로 만들어집니다.

- '이 책 많이 팔리겠는데?' 보다는 '이 책 혼자 보기 아까운데?'가 우선합니다.
- '번역서는 원서보다 나아야 한다'는 원칙에 따라 원서의 약점을 보완하고 세심한 부분까지 현지화합니다.
- 제작 과정을 공개하여 크라우드펀딩 후원자와 주변 창작자에게 시행착오와 성장하는 경험을 공유합니다.
- 번역서를 매개로 같은 관심사를 가진 사람(저자, 역자, 독자, 관계자) 간의 건설적인 교류를 촉진합니다.

프로젝트 결과물

읽어 보고 좋았던 책을 번역하다 보니 한 해에 한 권의 번역서가 겨우 나옵니다. 느리지만 정성스럽게 준비되는 만큼 독자님께 의미 있는 책으로 남았으면 좋겠습니다.

- 처음 배우는 그래픽 레코딩 (2021)
- 출근했더니 스크럼 마스터가 된 건에 관하여 (2022)
- 플래닝 화투 사용자 가이드 (2022) / 개발자 팔찌 (2022)
- 캐릭터 일러스트 강좌 with 프로크리에이트 (2024)
- 캐릭터 일러스트 강좌 with 클립 스튜디오 페인트 (2025 예정)

참고 자료

독자 참여 프로그램

참여하는 독자에게 리워드로 환원을

프로젝트 ZZOM은 소모적인 광고비를 집행하는 것보다 참여하는 독자에게 리워드를 하는 것이 더 가치 있는 일이라고 생각합니다. 독자 참여 프로그램은 구매, 대여 상관없이 ZZOM의 책을 읽었다면 누구나 자유롭게 참여할 수 있습니다. 작고 소박한 리워드가 준비되어 있으며 각각의 리워드는 중복 적용됩니다. 참여를 희망한다면 아래의 페이지를 참고하세요.

- https://zzom.io/participation

일반 참여 프로그램

상시 운영되는 프로그램입니다[1].

분류	목적	리워드	비고
독자 인증	읽은 책 사진 / 영상 인증	네이버페이 포인트 200원	도서별 100명까지
서평 인증	읽은 책 서평 / 영상 인증	네이버페이 포인트 200 ~ 1,000원	도서별 50명까지
실습 인증	책 내용 실습 사진 / 영상 인증	네이버페이 포인트 500 ~ 2,000원	도서별 50명까지
오탈자 제보	읽은 책 오탈자 제보	네이버페이 포인트 500원	도서별 100명까지

특별 참여 프로그램

비정기적으로 운영되는 프로그램입니다.

분류	목적	리워드	비고
한국 독자 투고	한국 독자의 콘텐츠 인용 / 소개	출간 도서 및 소정의 선물	공모
한국 전문가 소개	한국 전문가의 콘텐츠 인용 / 소개	출간 도서 및 소정의 선물	섭외
베타 리딩	품질 검토 / 사전 피드백 청취 및 반영	출간 도서 및 소정의 선물	공모 / 섭외
크라우드펀딩	제작비 확보 / 제작 과정 간접 참여	출간 도서 및 크라우드펀딩 전용 선물	공모

---

1. 리워드 수준과 범위는 번역 시점인 2024년 12월 기준으로 상황에 따라 조정될 수 있습니다. - 옮긴이

참고 자료
찾아보기

기호
2D 격자 086, 088
3D 모델링 143
6B 연필 069
45도 회전 081

한국어
ㄱ
가짜 그림자 126
값 073
갤러리 029
격자 크기 086
결정 083
결합 모드 131
고급 메쉬 081
고유색 레이어 046
곱하기 051, 077
공기감 127
공기 원근법 126
광원 053
광원 효과 127
균등 080
그러데이션 054
그러데이션 레이어 054
그리기 가이드 086, 134
그리기 도움받기 087, 088
그리자유 096
그리자유 스타일 019
글리치 093
꼬집기 082, 083
끝단처리 070

ㄴ
난색 099
네 손가락 탭 065
노란색 사각점 080
니코 룰 069

ㄷ
다시실행 029, 034
단일 터치 제스처 도우미 145
단축키 142
대비 077
대칭 087
데포르메 141
동작 029
두껍게 칠하기 102
뒤틀기 081
등거리 087, 089

ㄹ
러프 032
러프 레이어 039
레이어 029, 032
레퍼런스 031, 054
로고 디자인 089
로우 앵글 090
리핑 마스크 052

ㅁ
마무리 036
마무리하기 037
마스크 133
마왕 브러시 017, 069
마왕 연필 069
마왕 유화 스타일 브러시 069
마왕 유화 스타일 소프트 브러시 069
만화 테두리 088
말풍선 116

명도 050
모노라인 069, 117
모서리 083
모아레 093
모양 소스 071
모양 편집기 071
무채색 096
묽음 감소 094
미디엄 브러시 135
밀기 082
밑그림 036, 039
밑그림 레이어 039

ㅂ
반전 046
방사상 087, 091
배경 그리기 037
배경 레이어 059
변동성 070
변형 029
변화도 라이브러리 066
변화도 맵 066
병합 033
보간법 130
보통 077
복사 065
복사 및 붙여넣기 065
볼 터치 060
부스 140
분기 093
불투명도 094
붙여넣기 065
브러시 결합 131
브러시 라이브러리 029, 038
브러시 복제 131
브러시 불투명도 조정 029
브러시 세트 017, 068
브러시 스튜디오 070
브러시 초기화 071
브러시 크기 조정 029
브러시 특성 131
블렌드 모드 051, 076
빛산란 092

ㅅ
사분면 087
사이드바 029
사진 125
삽입한 이미지 125
색상 047, 050
색상견본 073
색상 닷지 077, 135
색상 번 077
색상 설명 알림 145
색상 채우기 049, 122
색상 팔레트 074
색상 패널 029, 072
색수차 094, 135
색칠하기 037
서예 069
석고상 097
선 따기 036
선명한 라이트 135
선택 029, 046
선호하는 파일 포맷 145
선화 036
선화 레이어 041
설정 144
세 손가락 쓸기 065
소실점 090
소프트 브러시 054

손가락 029
수정 버튼 029
수집 뒤집기 081
수채 물감 136
수평 뒤집기 040, 081, 102
스케치 069
스크린 077
스크린 톤 094, 119
스튜디오 펜 038, 069
스포이드툴 049
시각화 074
신문 093
신호 093
실사 배경 스타일 124
실행취소 029, 034
쌍사차식 130
쌍선형식 130

ㅇ
아래 레이어와 병합 033
아래로 결합 033
아이비스 페인트 140
아이소메트릭 089
아이패드 거치대 137
아이패드 커버 137
안정화 070
알파 채널 잠금 047
애니메이션 스타일 018
앱 스토어 015, 026, 147
에어브러시 054
오른손잡이 인터페이스 029
오버레이 077, 098
올가미 049
옮겨놓기 094, 135
왜곡 039, 081
원근 087, 090, 094
웹 게시용 템플릿 116
유화 스타일 020, 102
음영 053
음영 넣기 037
이동 034
이름변경 033
이미지 소스 옵션 071
이 브러시에 관하여 071
인공결함 093
임계치 132
잉크 069

ㅈ
자동 046
자유형태 081
재구성 083
재채색 078
전용 보조 키보드 137
전체 색상 093
전환효과 092, 094
제스처 034
제스처 제어 064
제어 센터 016
조정 029, 066
종이 인쇄용 템플릿 116
종횡비 081
주선 105
주파수 093
지우개 029
지터 070
질감 070
집중선 120

ㅊ
채도 050

채색 036
초록색 둥근 점 080
최근 사용 069
최단입점 130
추가 046

ㅋ
커맨드 142
컬러 드롭 047
컬러 디스크 073
컬러 트레이스 054, 057
컷 116
컷 테두리 레이어 116
코믹북 만화 094
코믹북 스타일 116
콘티 116
콘티 레이어 116
퀵 메뉴 078
퀵 쉐이프 031, 084
클래식 073
클리핑 마스크 097, 133
클립 스튜디오 페인트 140

ㅌ
타임랩스 녹화 144
터치 후 유지 065
텍스쳐 136

ㅍ
파동 093
파란색 둥근 점 070, 080
파일로 새로운 작업 075
팔레트(소형) 073
팔레트(카드) 073
패널 072
페인팅 069
평행선 119
폴리라인 085
프로크리에이트 드림 143, 147
프로크리에이트 에듀케이션 146
프로크리에이트 유튜브 146
프로크리에이트 포켓 147
프로크리에이트 폴리오 146
프로크리에이트 핸드북 144, 146
피겨 096
픽셀 유동화 039, 082, 102
픽시브 140
핀치아웃 034
핀치인 034
필압 070
필터 092

ㅎ
하모니 073
하이라이트 053
하이라이트 넣기 037
하이라이트 레이어 058
하프톤 093, 119
한색 099
화면 분할 145
화면 프린트 093
확장 082
회색 점도 096
회전 034
회전 대칭 087
효과 036
효과 레이어 059
효과선 116
효과음 116
흐림 효과 094, 135

로마자

A
actions 029
adjustments 029
advanced mesh 081
alpha lock 047
Apple Pencil 이중-탭 078
artifact 093
assisted drawing 087

B
Blaze 067
bloom 092
blur 094
BOOTH 008, 140
bounding box adjust node 080
Breeze 067
brightness 050
brush 068
brush opacity 029
brushset 068
brush size 029

C
calligraphy 069
chromatic aberration 094, 135
color 029
color burn 077
color dodge 077, 135
color drop 047
color trace 057
combine down 033
commnad 142
continuity 116
contrast 077
crystals 083

D
difference 076
displace 094
distort 081
diverge 093
DPI 038
dynamics 070

E
edge 083
erase 029
expand 083

F
fall off 094
freeform 081
full color 093

G
gallery 029
glitch 093
gradient map 066
Grayscale to Color 108
grid 086
grisille 096
GtC 스타일 021, 108

H
halftone 093
HSB 073
hue 050

I
inking 069
interpolation 130
isometric 087, 089

J
jitter 070

L
layers 029
liquify 082
low angle 090

M
main line 105
merge down 033
Mocha 067
modify button 029
moire 093
multiplication 051
multiply 077

Mystic 067

N
Neon 067
newspaper 094
node 070
normal 041, 077

O
overlay 077

P
paint 029, 069, 102
painting 069
perspective 087, 094
pinch 083
pinch in 034
pinch out 034
pixiv 140
procreate handbook 013, 144
push 082

Q
quadrant 087
QuickMenu 078
QuickShape 031, 084

R
radial 087
recolor 078
reconstruct 083
redo 029, 034
rename 033
right-hand interface 029
rotation node 080

S
saturation 050
screen 077
screen print 093
screen tone 094
selections 029
settings 144
shade 053
shadow 053
sidebar 029
signal 093
sketching 069
smudge 029
split view 145
stabilization 070
swatch 073
symmetry 087

T
taper 070
thick painting 102
transform 029, 080
transform node 080
transition 094
transparency 094
twirl 082

U
undo 029, 034
uniform 080

V
Venice 067

W
warp 081
wave 093

Z
ZZOM 뉴스레터 012

프로젝트 ZZOM

읽어 보니 좋았던 책을 함께 볼 수 있게 번역합니다.

홈페이지 https://zzom.io
이메일 project.zzom@gmail.com
엑스 https://x.com/project_zzom
쓰레드 https://www.threads.net/@project.zzom
페이스북 https://www.facebook.com/project.zzom
인스타그램 https://www.instagram.com/project.zzom
틱톡 https://www.tiktok.com/@project.zzom
유튜브 https://www.youtube.com/@zzom
카카오톡 https://pf.kakao.com/_kvrnK
네이버 https://cafe.naver.com/projectzzom
텀블벅 https://tumblbug.com/u/zzom/created
스티비 https://project-zzom.stibee.com

마왕 딥 블리자드가 알려주는
캐릭터 일러스트 with 프로크리에이트
쉽고 빠르게 디지털 드로잉 입문하기

ISBN 979-11-980533-3-6 (13650) / **정가** 22,000원
종이책 초판 1쇄 발행 2024년 12월 27일

글쓴이 딥 블리자드 / **그린이** 딥 블리자드
옮긴이 신상재 / **기획 편집** 신상재
마케팅 영업 신상재 / **펴낸곳** 쫌(ZZOM)
종이 영은페이퍼 / **가제본** 태산인디고
인쇄 예림인쇄 / **제책** 예림바인딩 / **배본** 최강물류
신고번호 제2023-000155호
가상오피스 경기도 성남시 분당구 대왕판교로 645번길 12, 8, 9층 50호(경기창조경제혁신센터)

MAO TO HAJIMERU! iPad CHARA ILLUST
Procreate O TSUKATTA KANTAN & JITAN TECHNIQUE
©Deep Blizzard 2023
First published in Japan in 2023 by KADOKAWA CORPORATION, Tokyo.
Korean translation rights arranged with KADOKAWA CORPORATION, Tokyo through Eric Yang Agency Inc, Seoul.
Korean translation copyright © 2024 by ZZOM.
이 책의 한국어판 출판권은 Eric Yang Agency를 통해 KADOKAWA와의 독점계약으로 쫌(ZZOM)에 있습니다.
저작권법에 의해 한국 내에서 보호를 받는 저작물이므로 무단전재와 무단복제를 금합니다.